# DEL RASOIO

## Adulto Da Colorare Libro Horror Edition

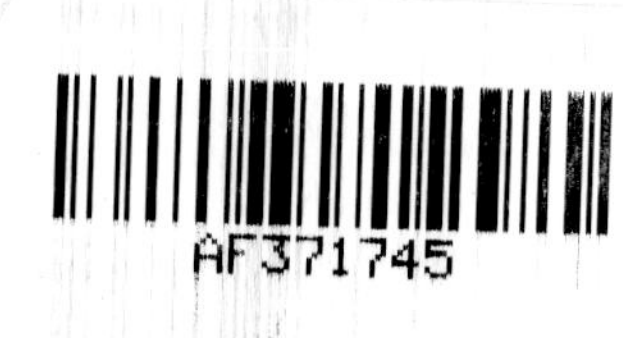

**Coloring Bandit**



Pubblicato da Speedy Publishing Canada Limited

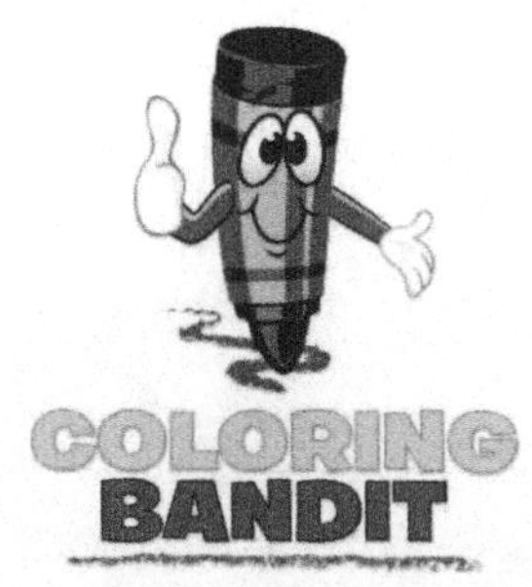

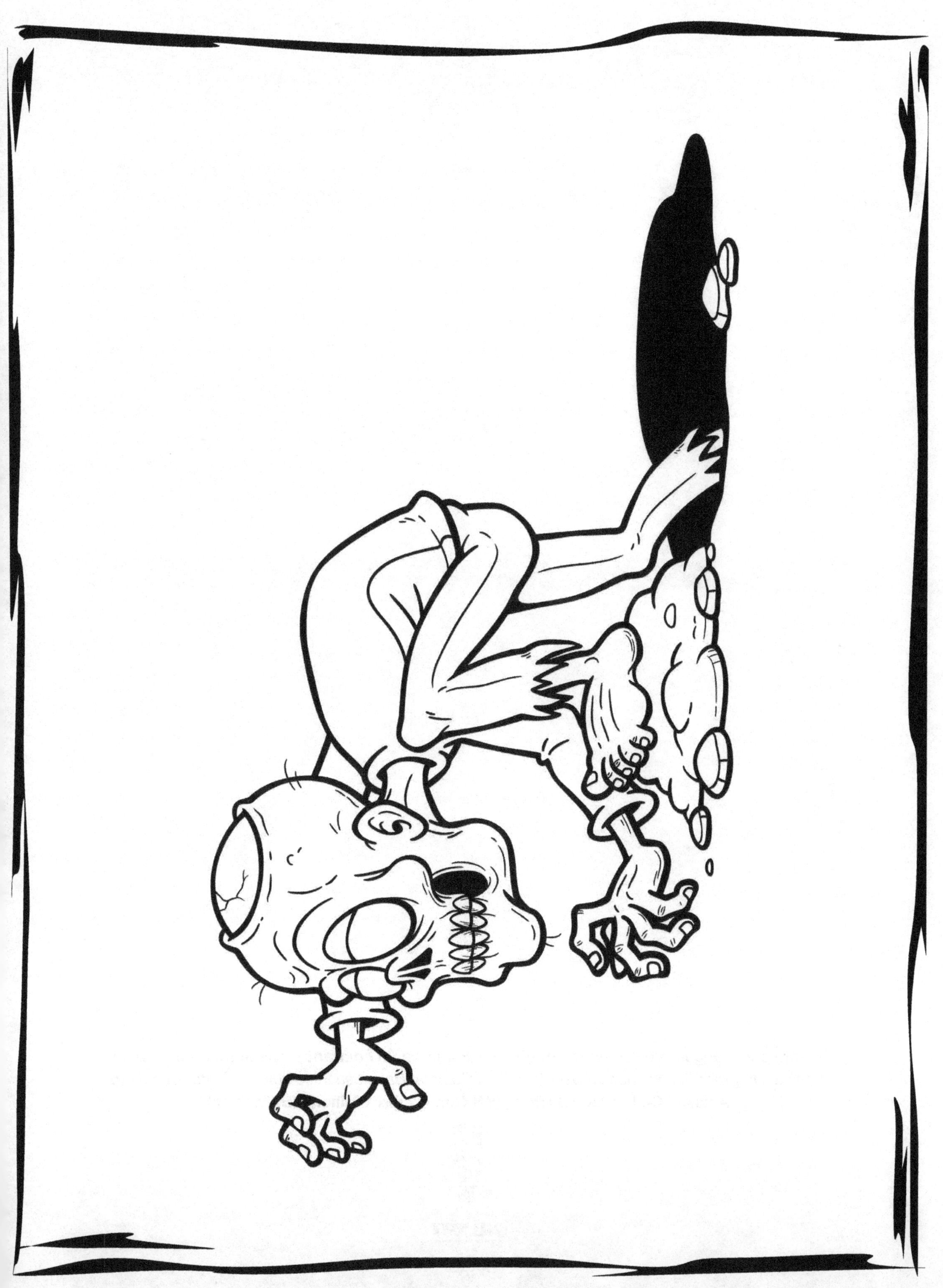

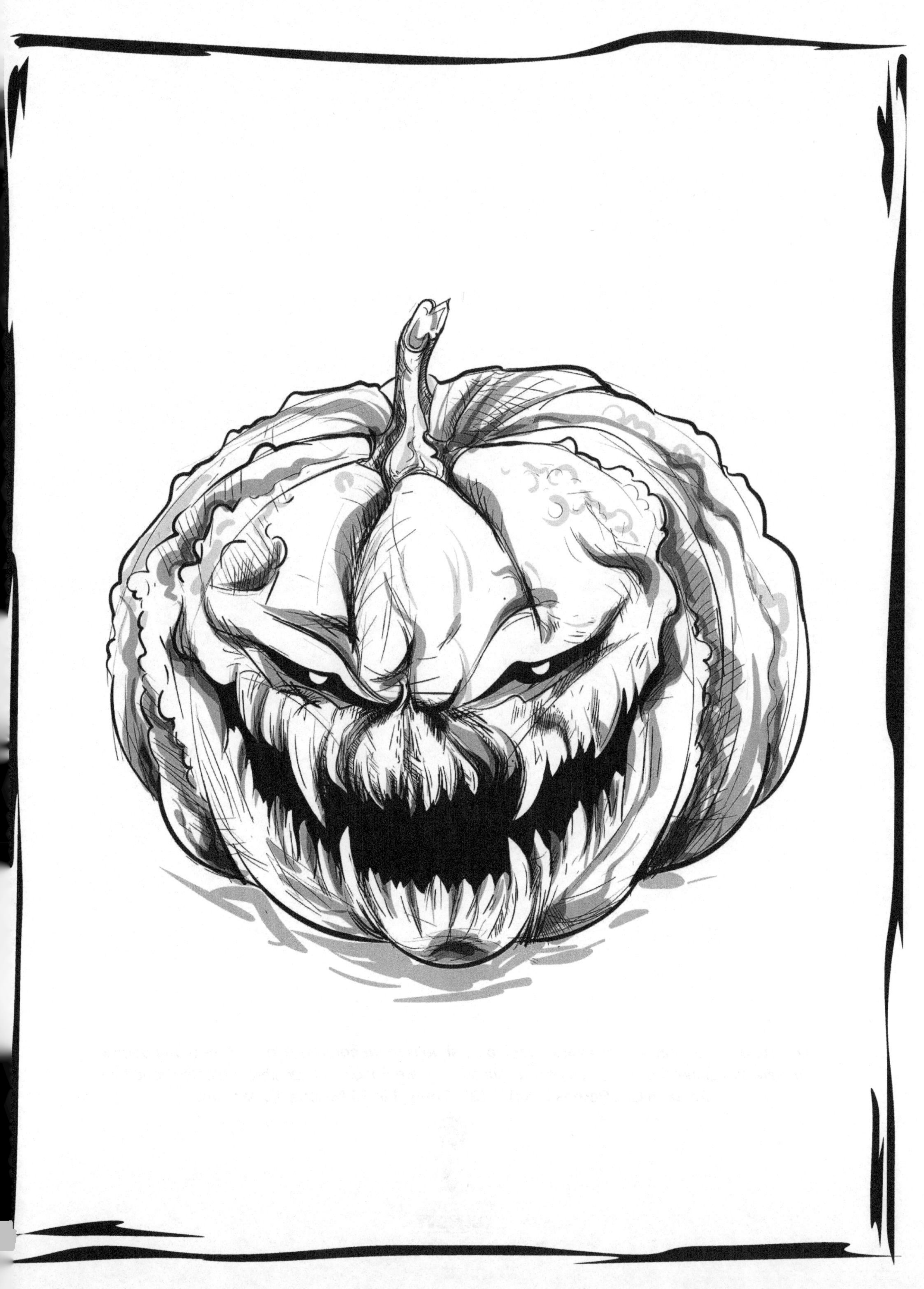

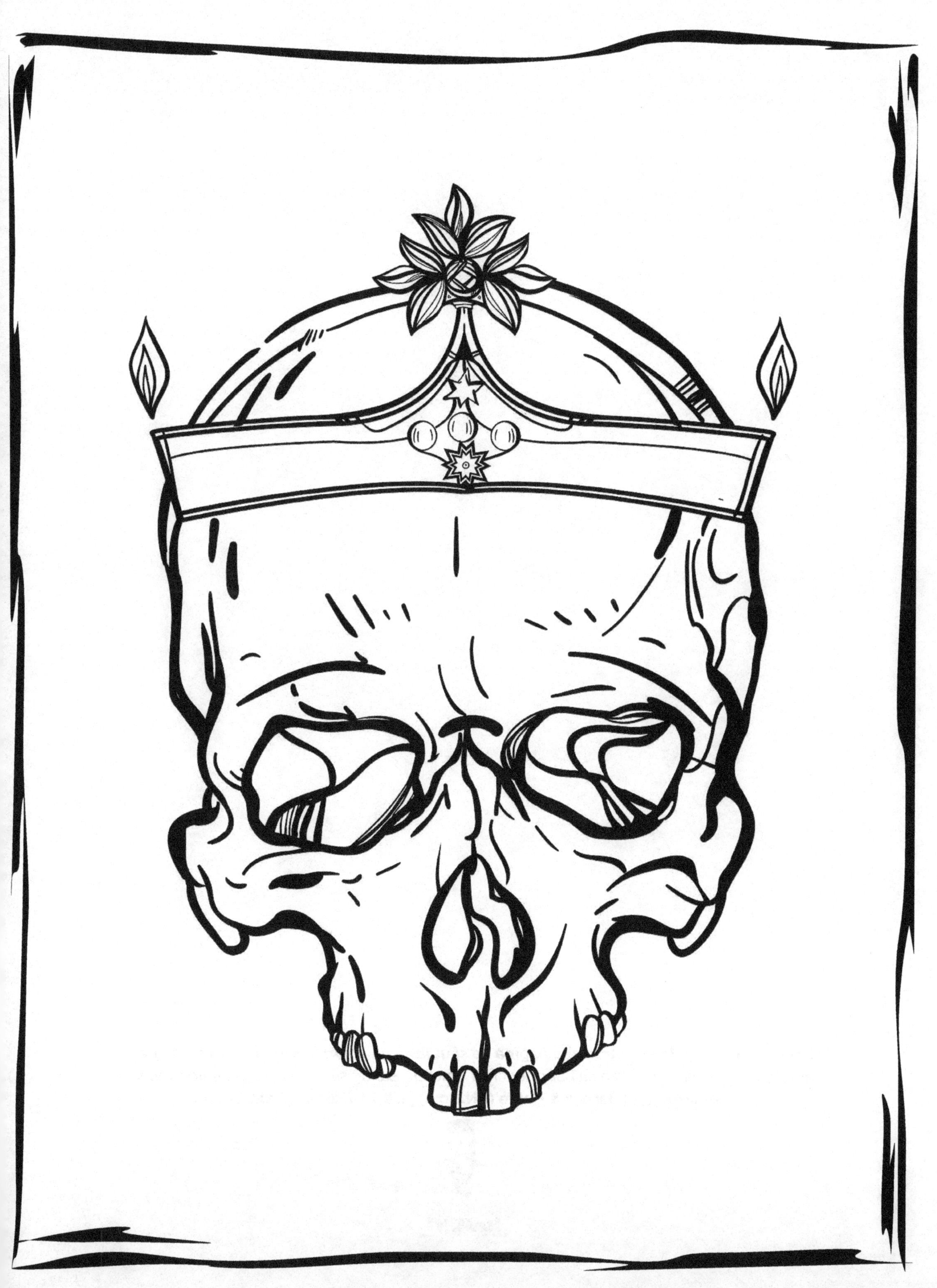

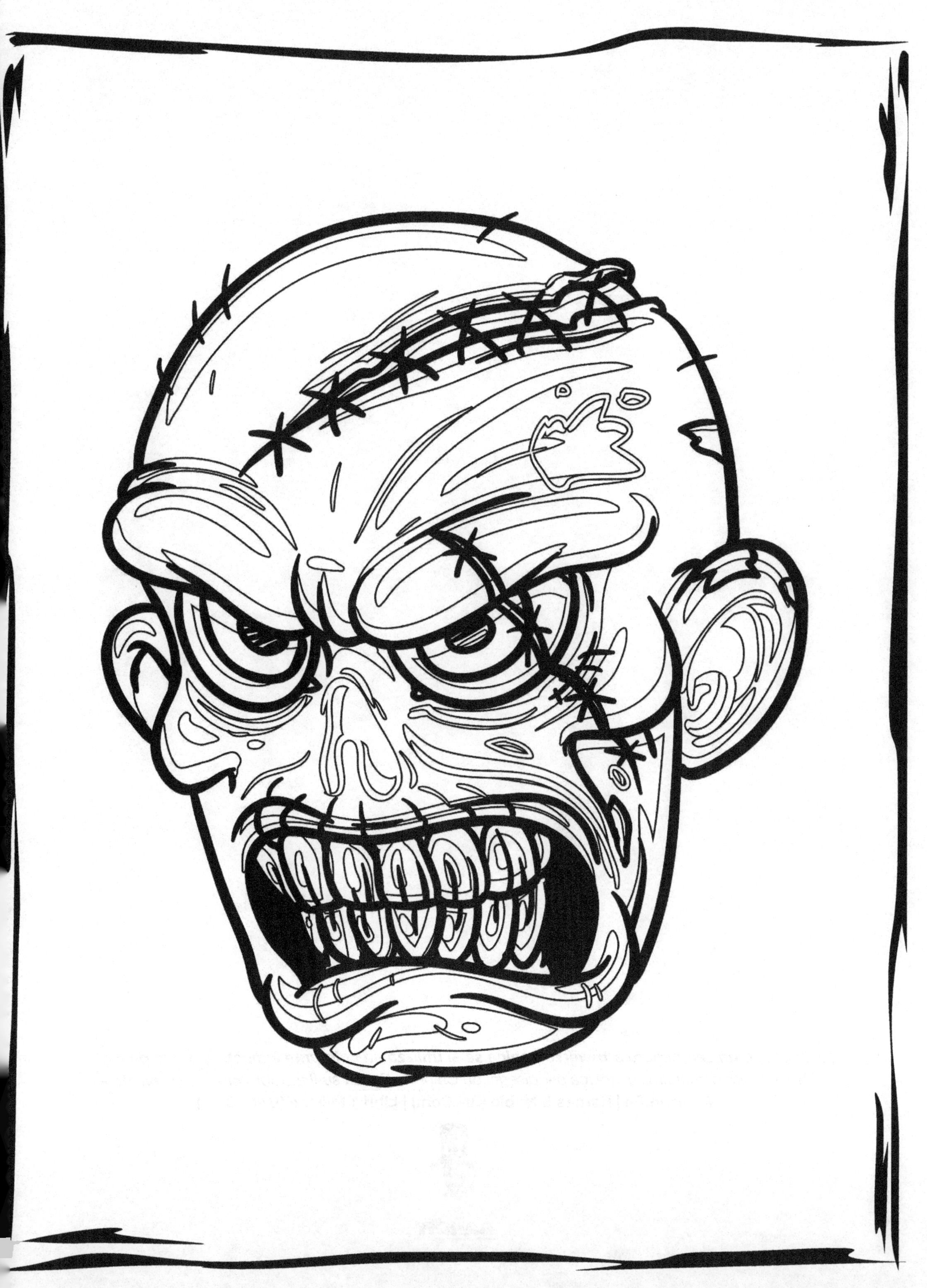

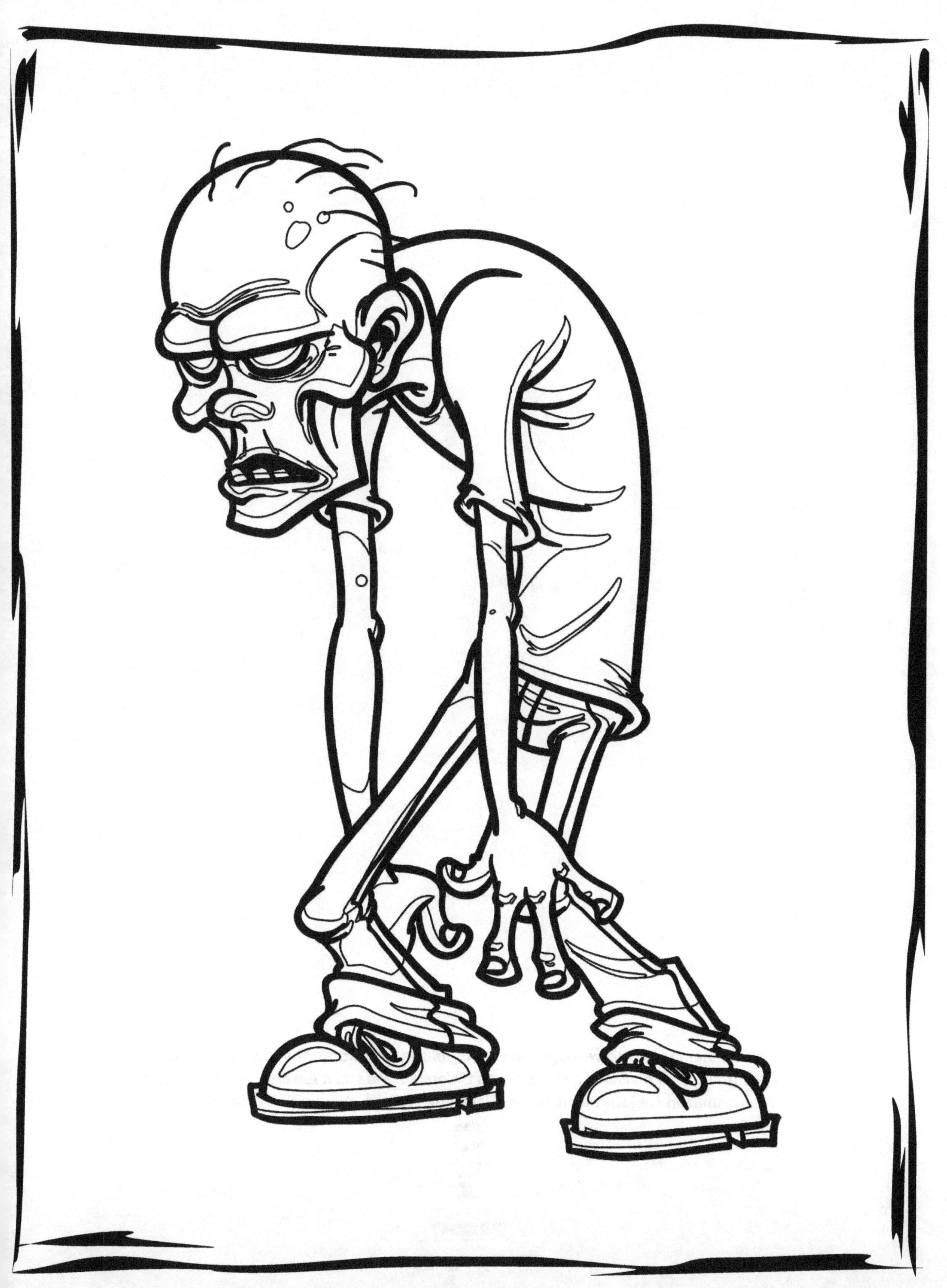

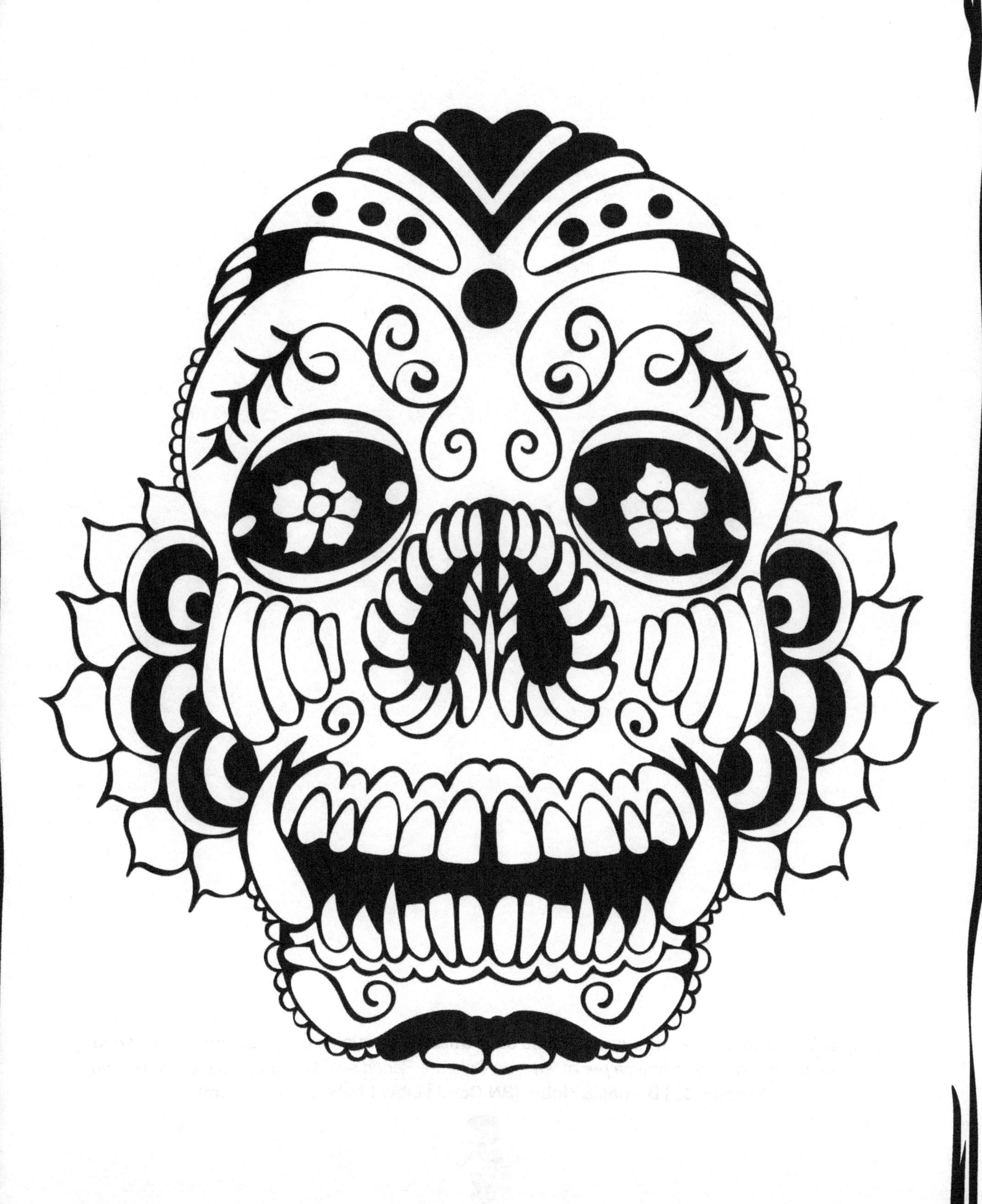

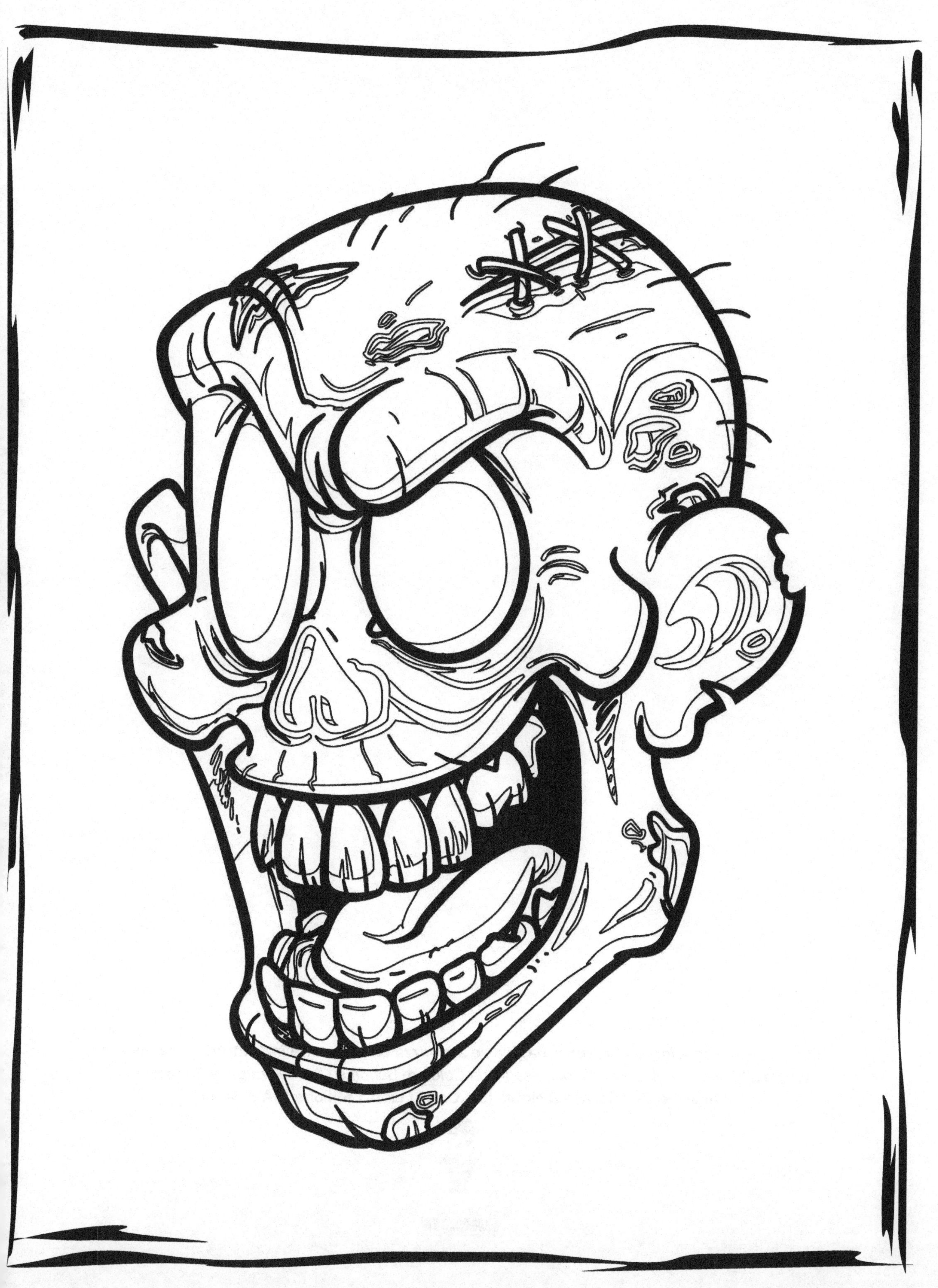

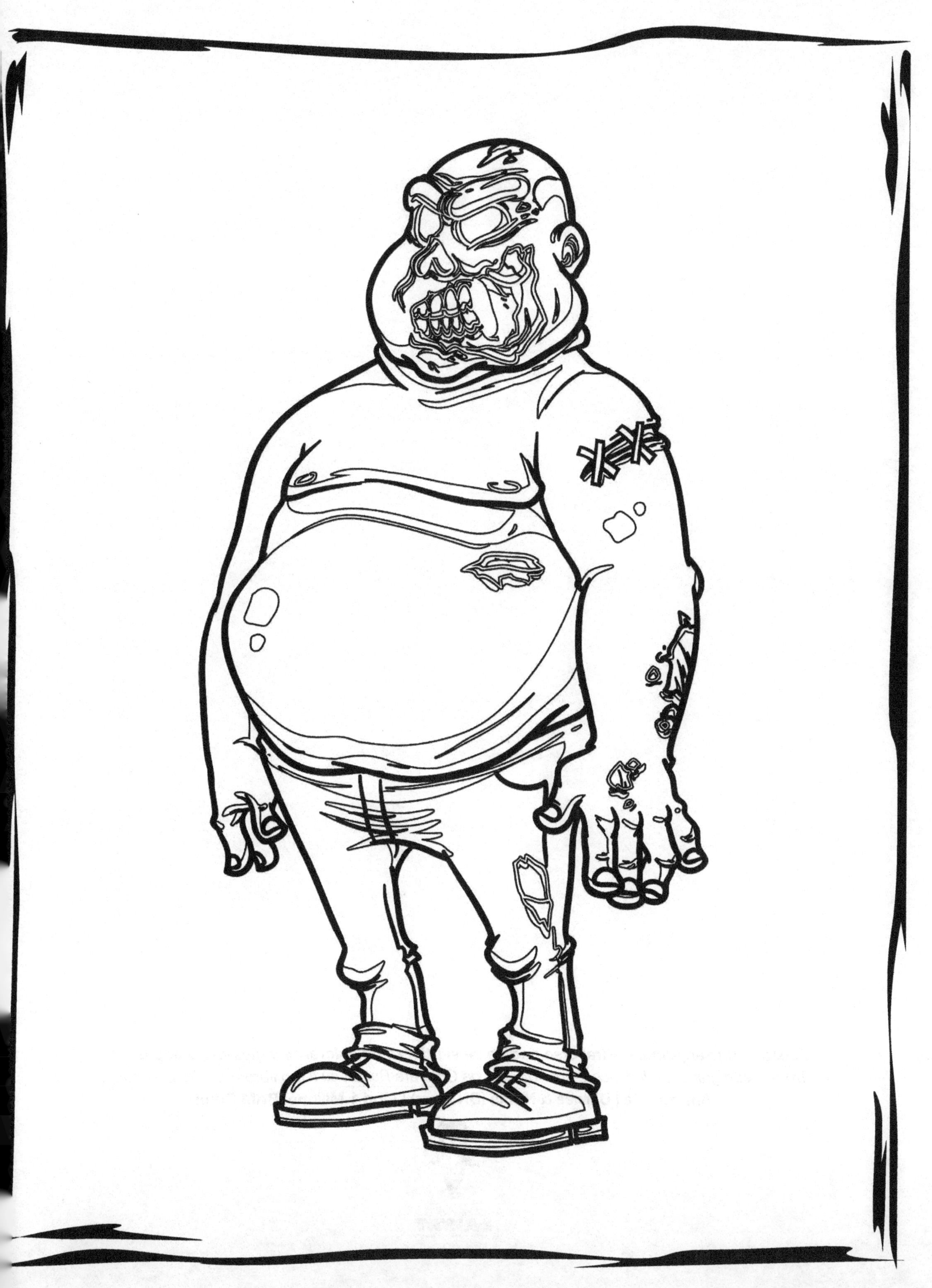

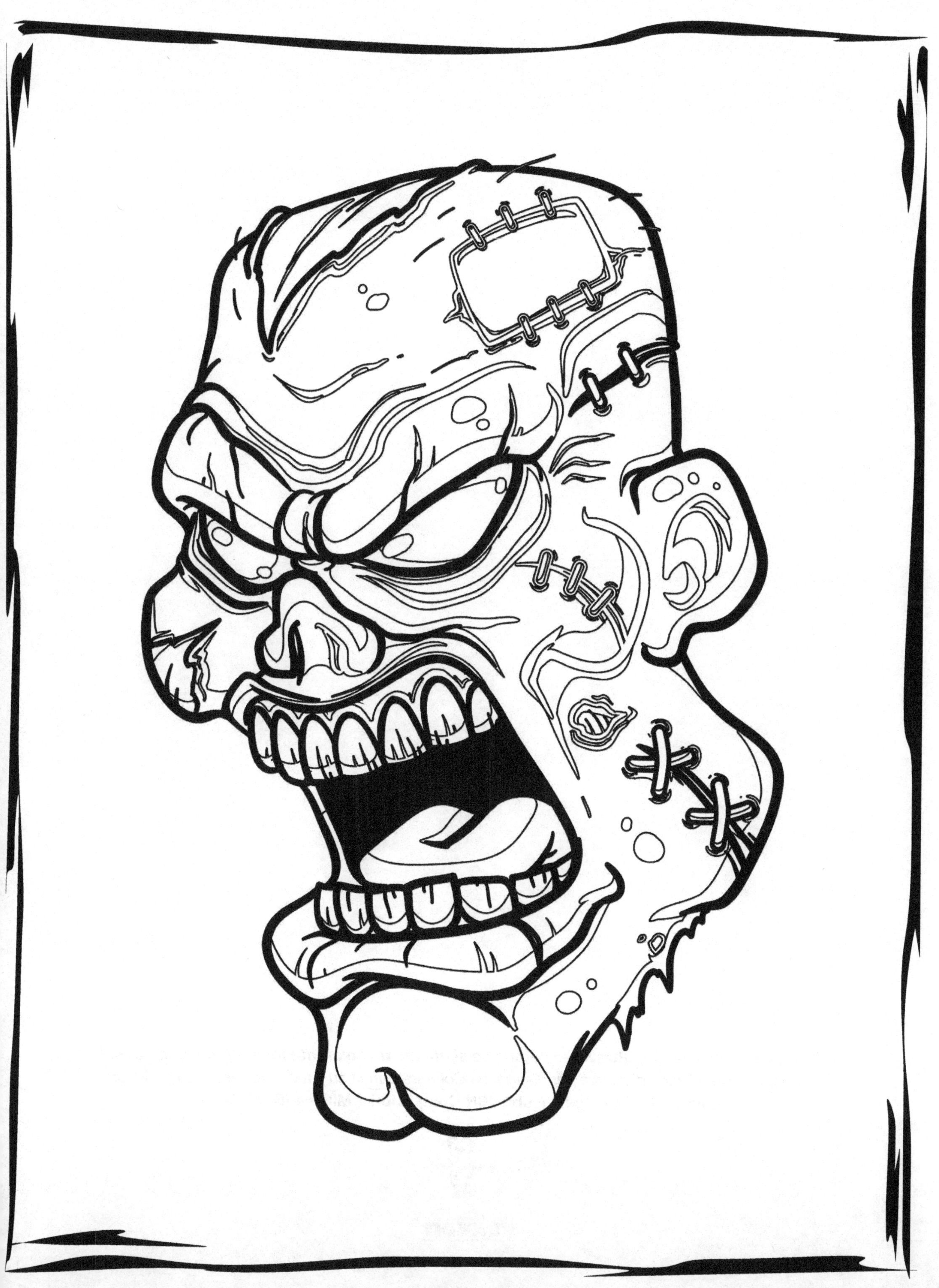

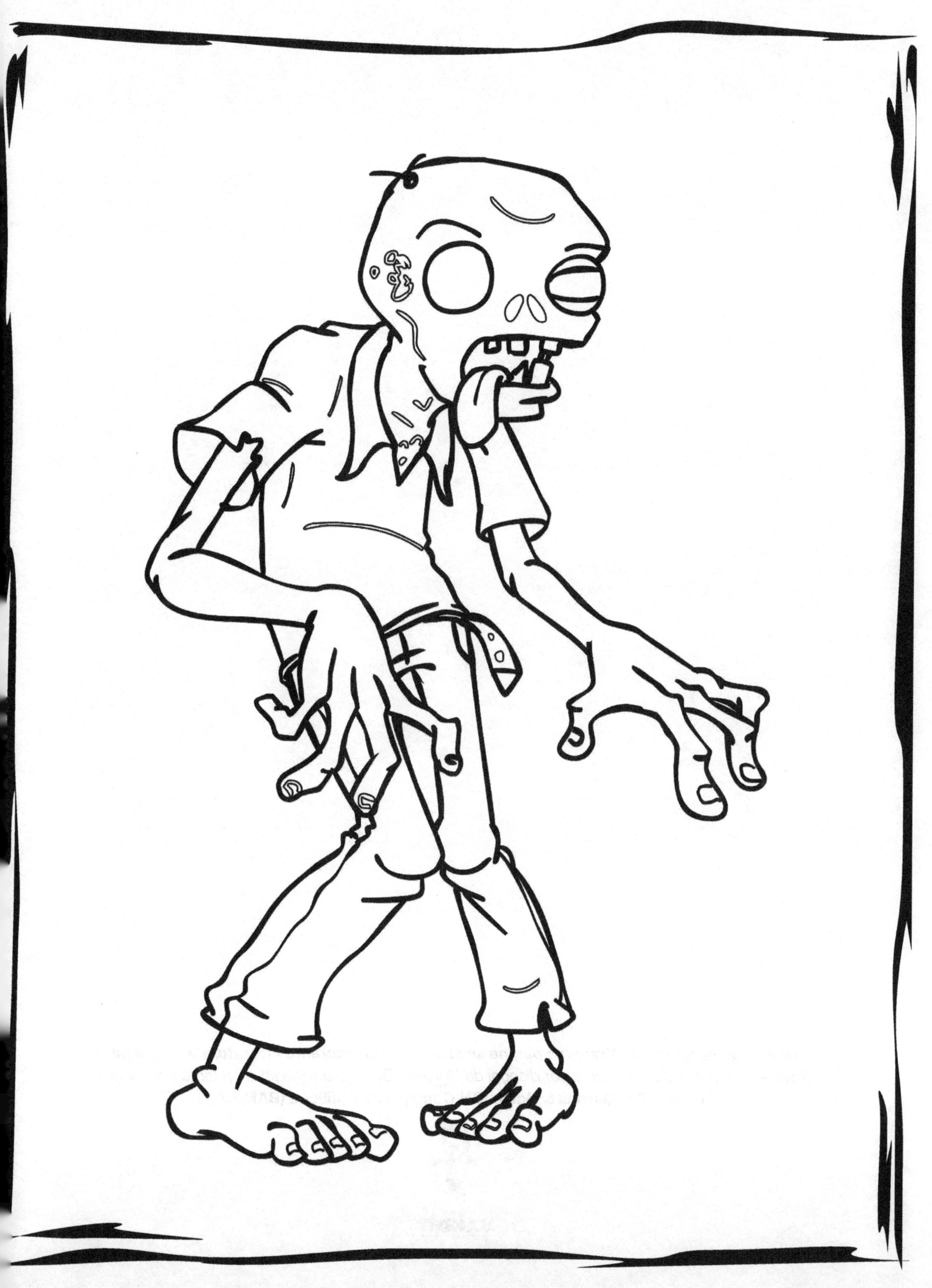

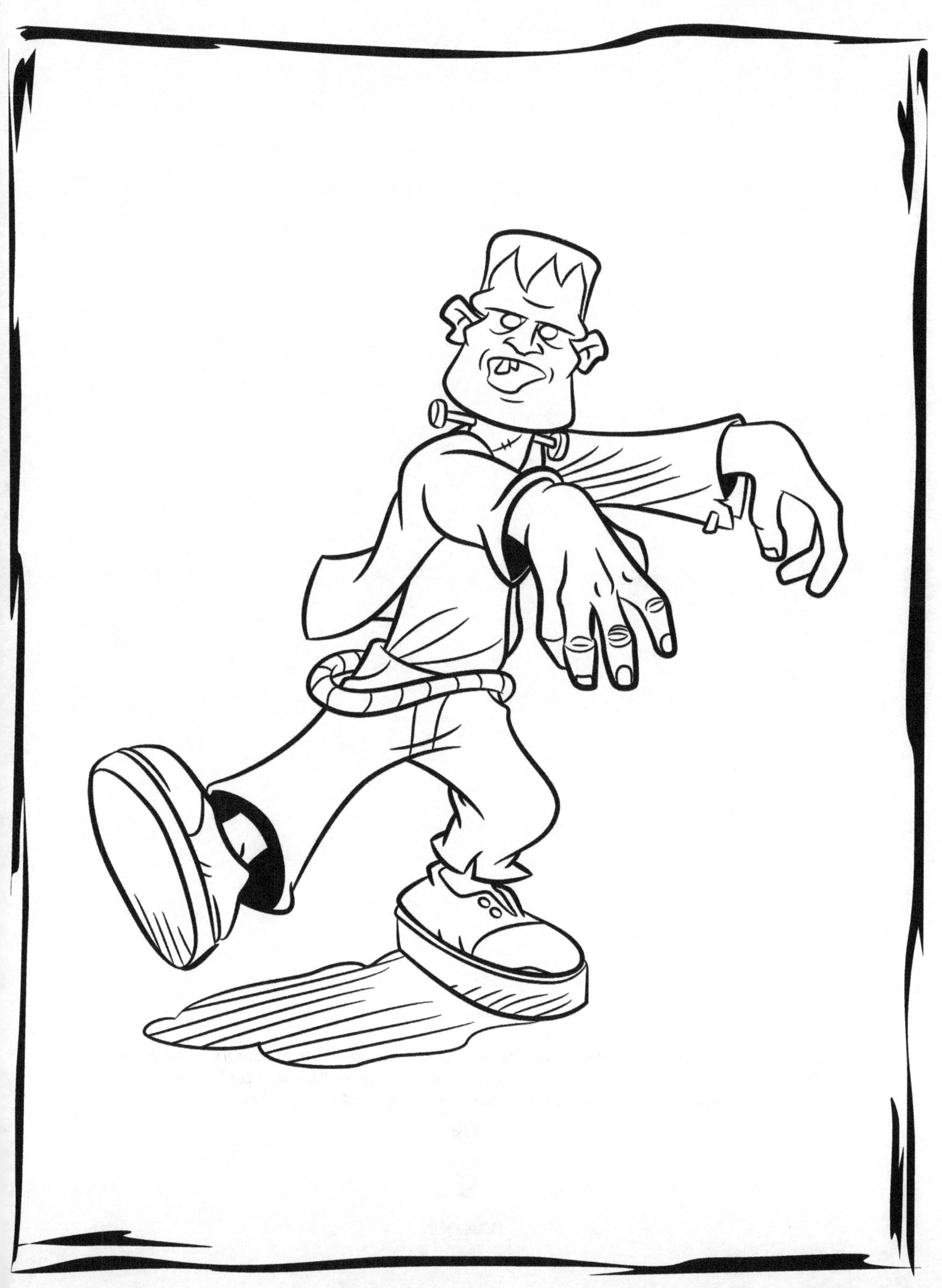

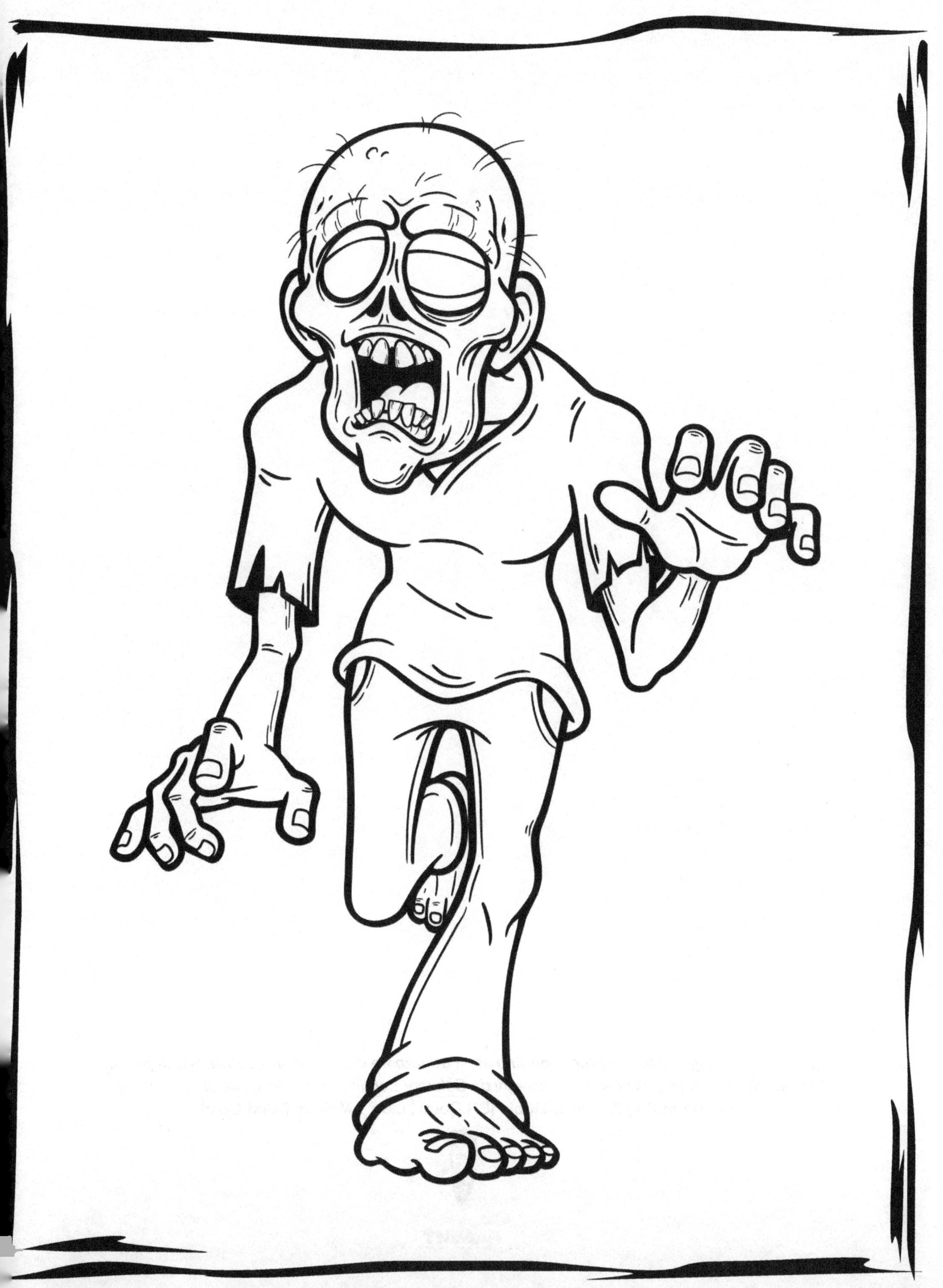

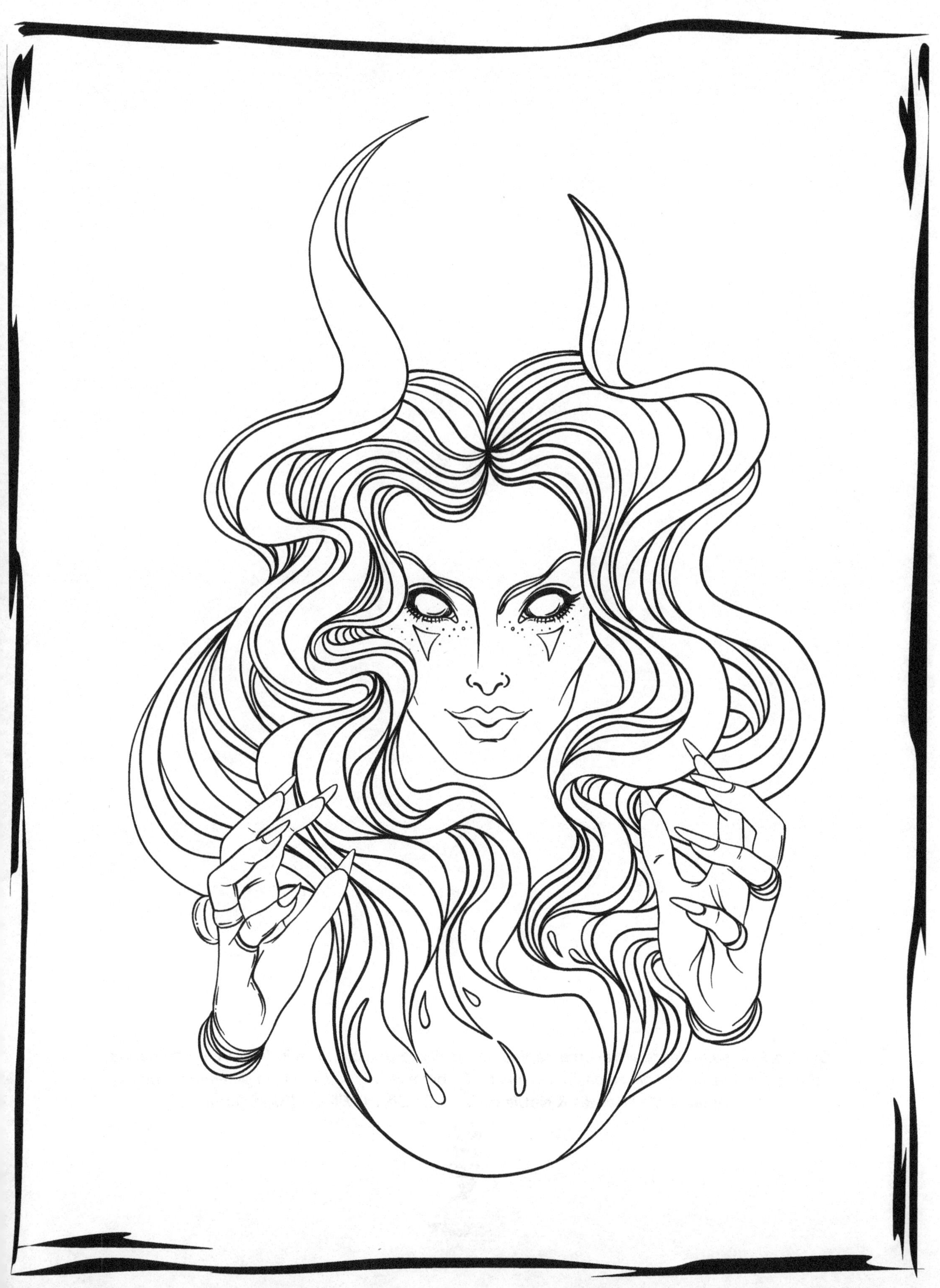

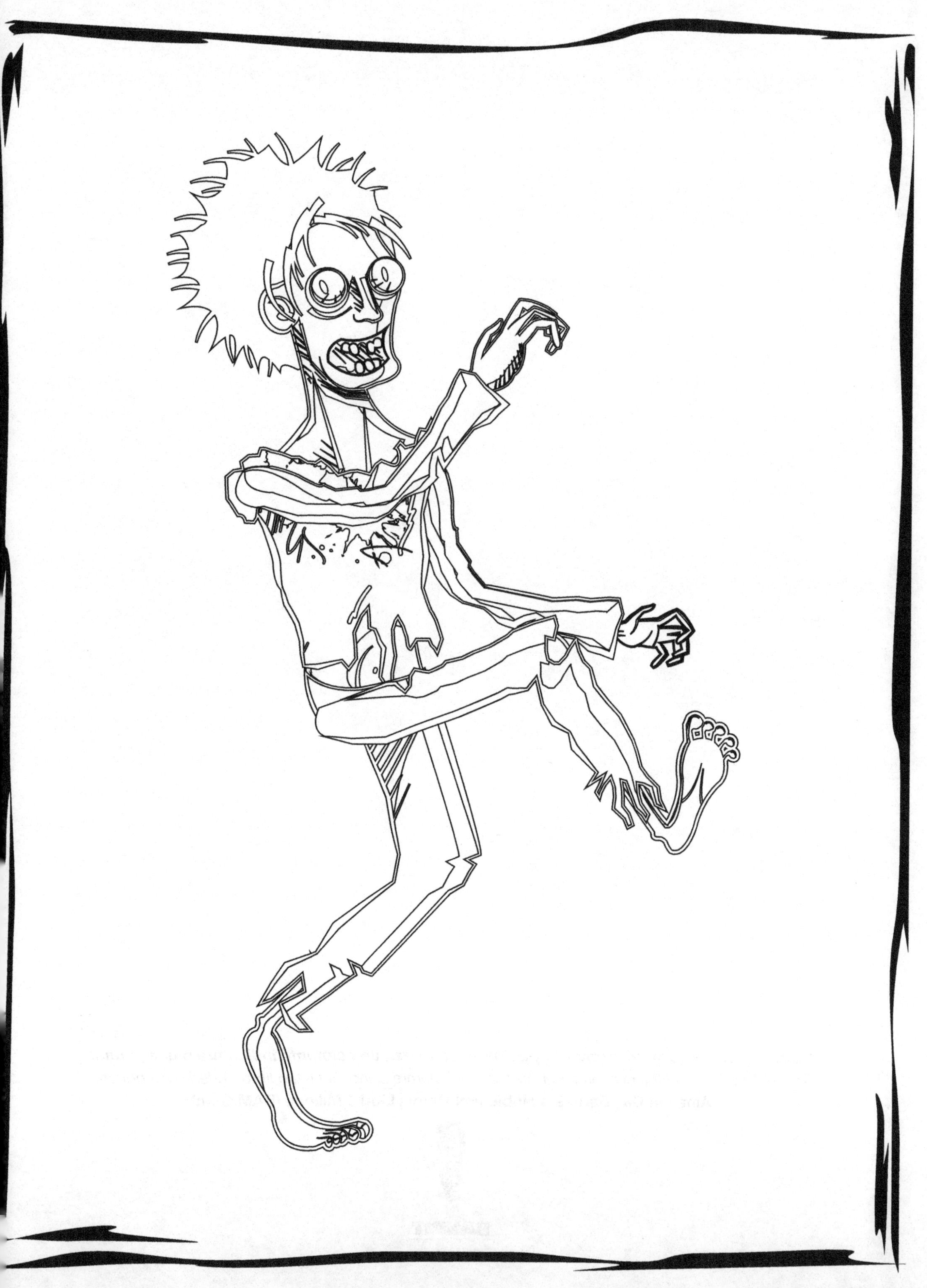

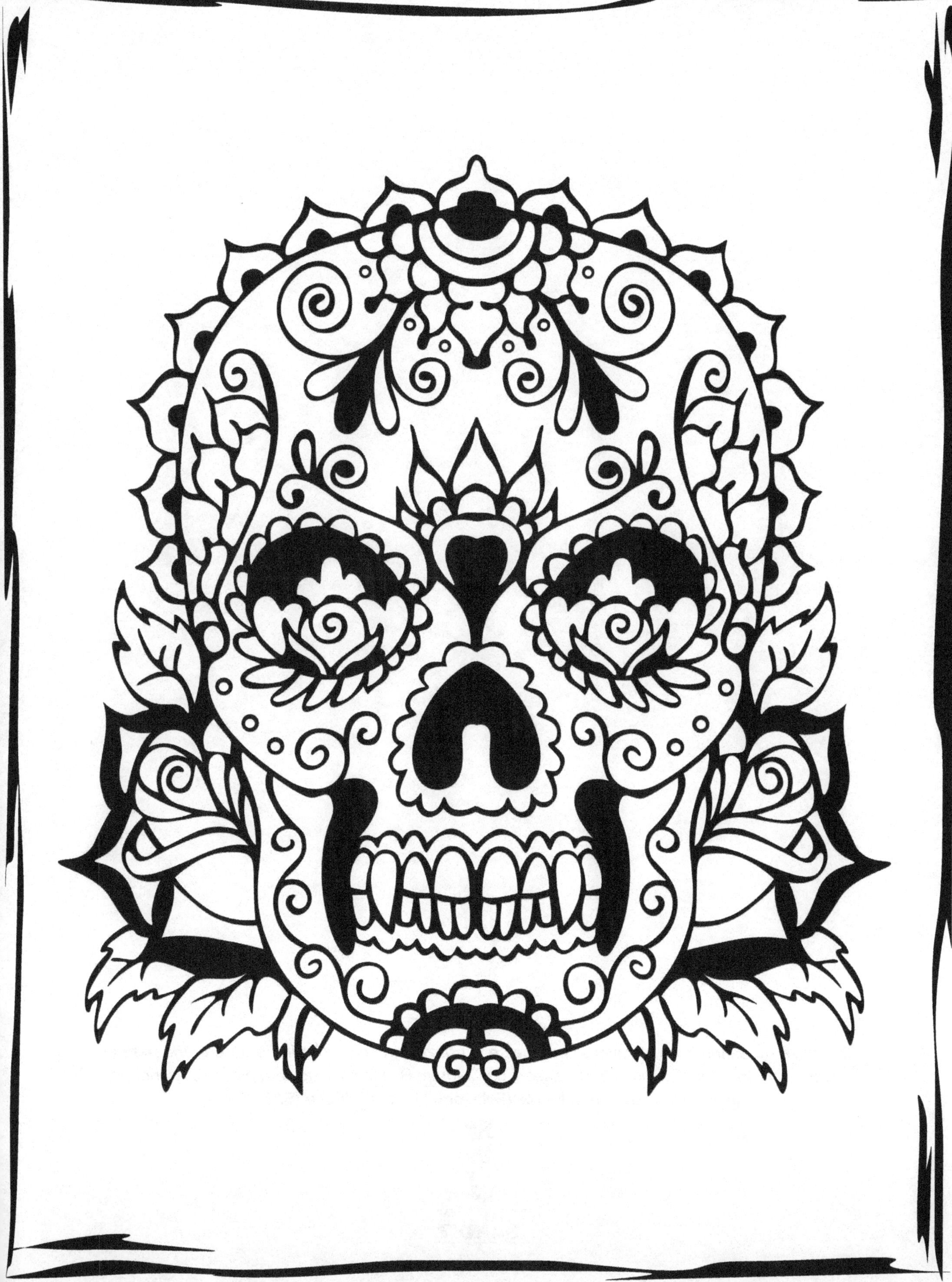

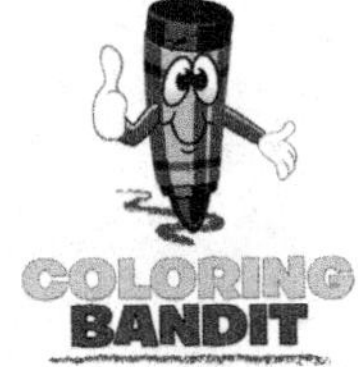

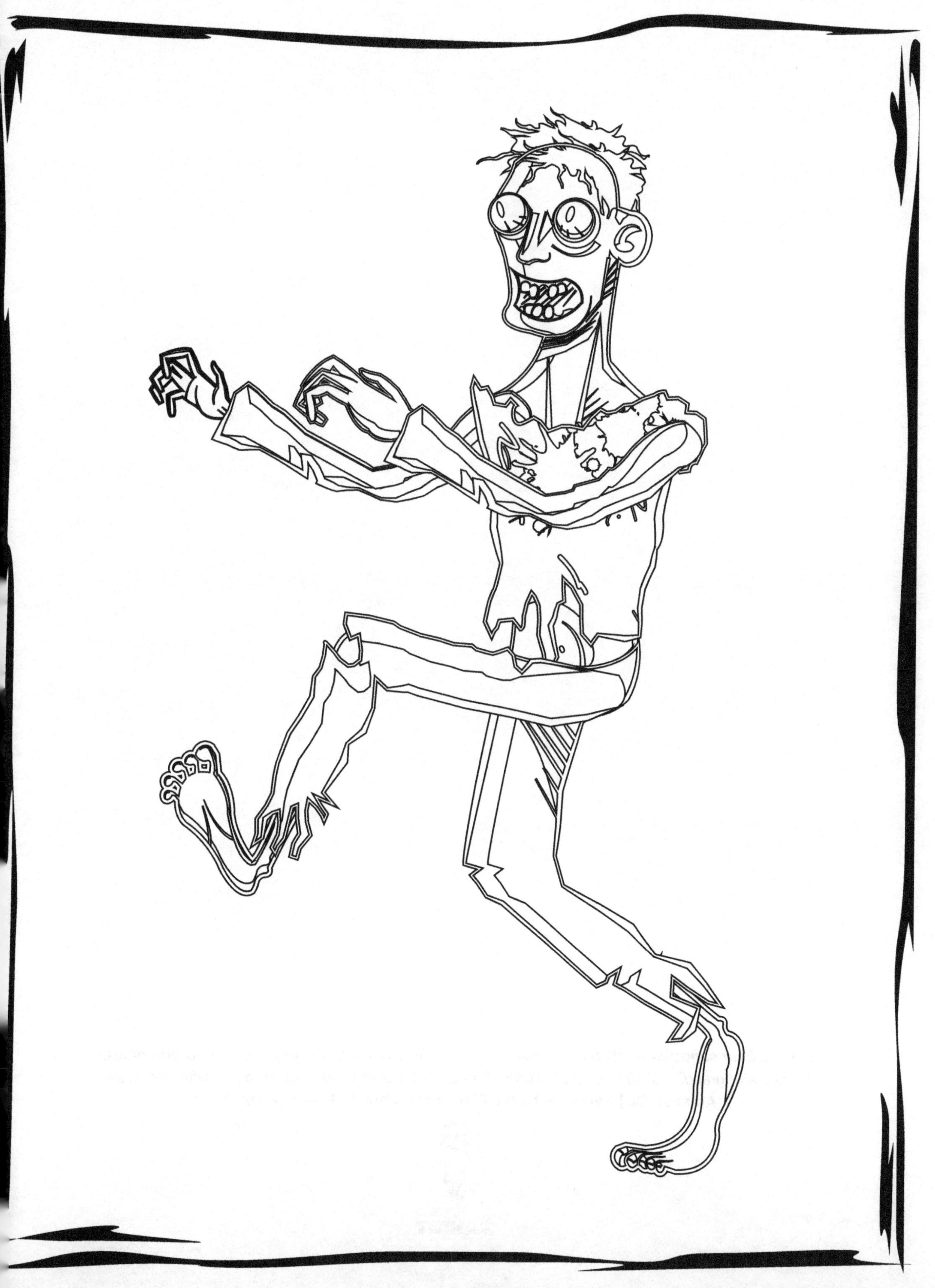

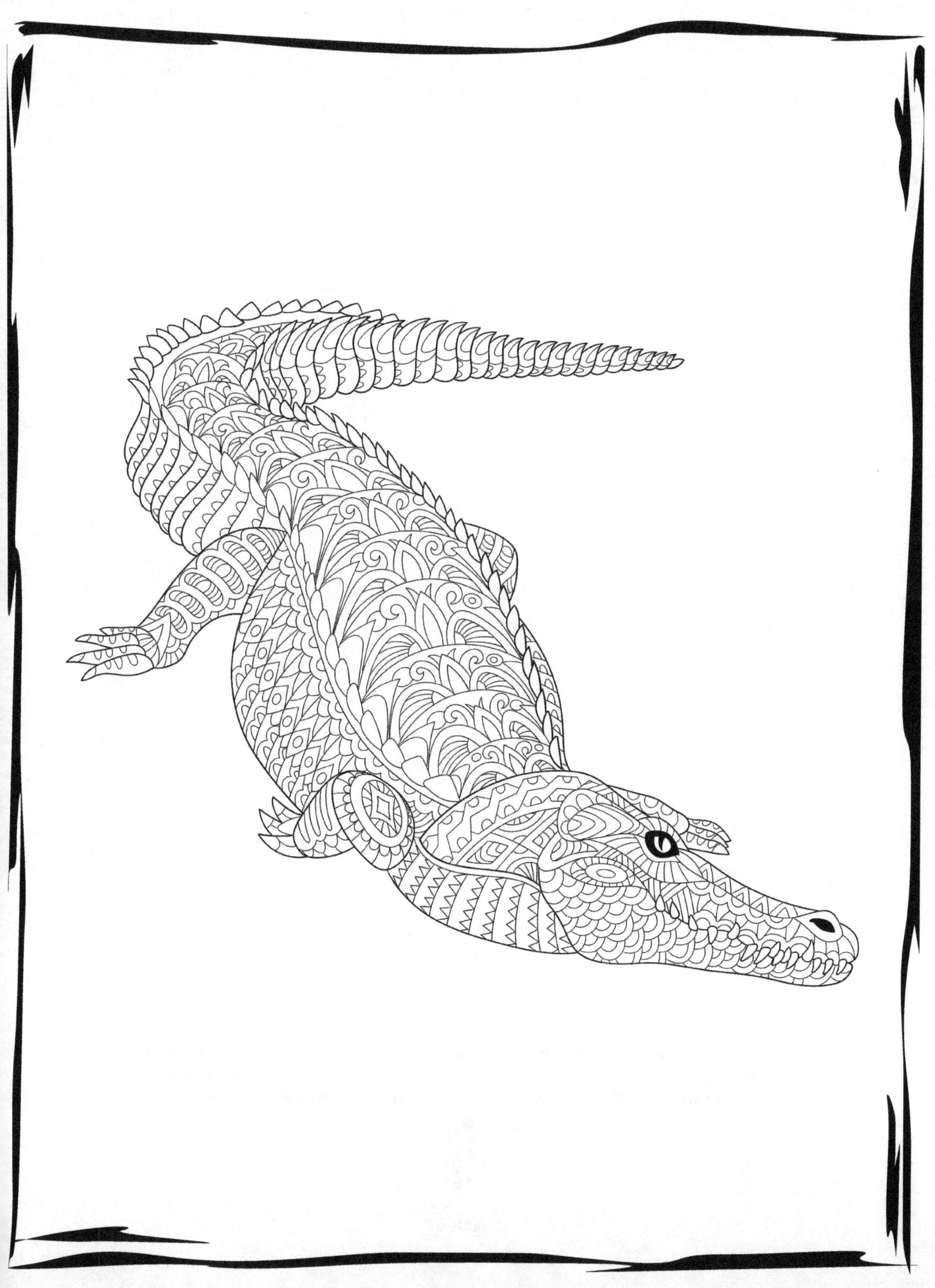

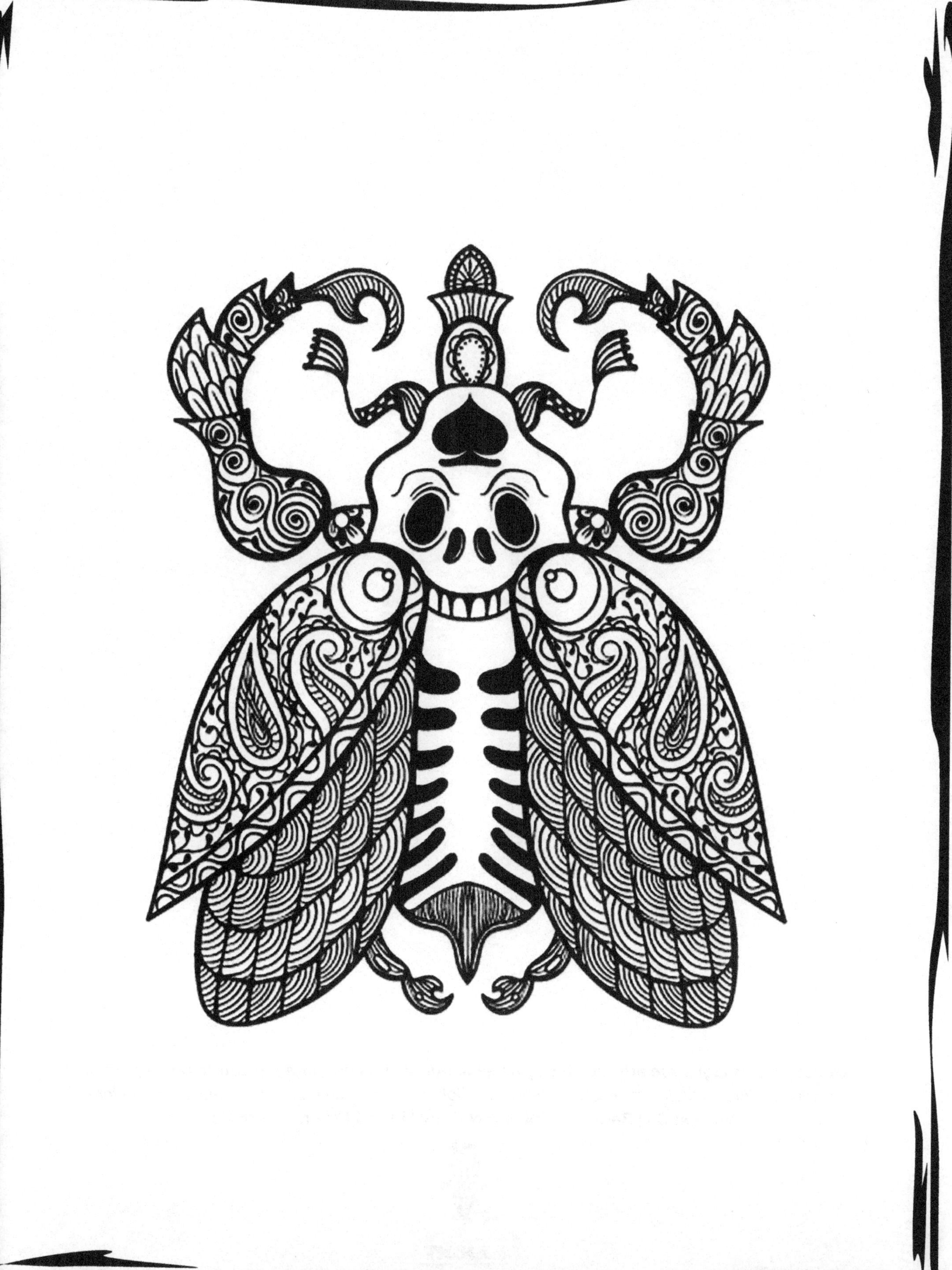

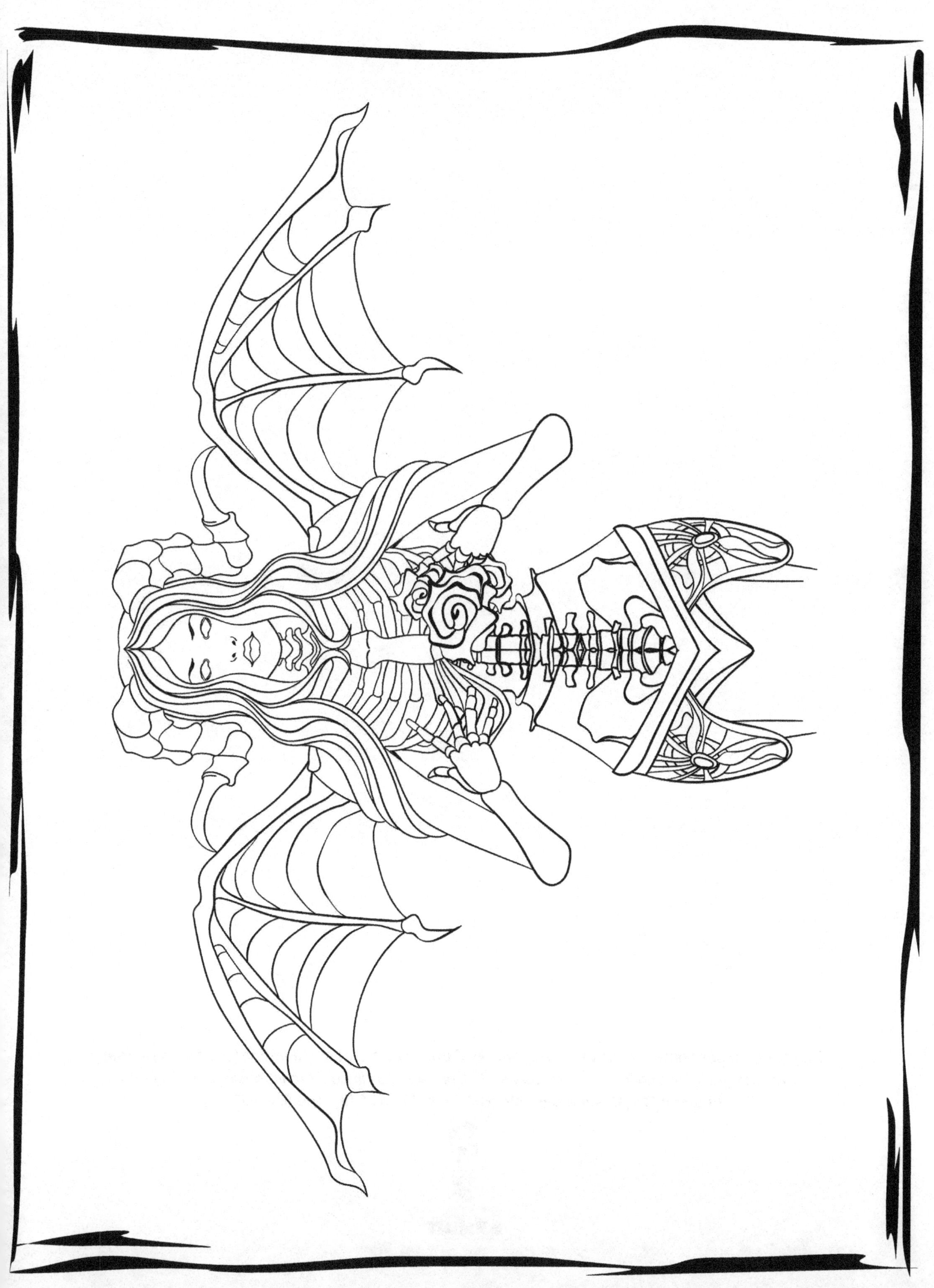

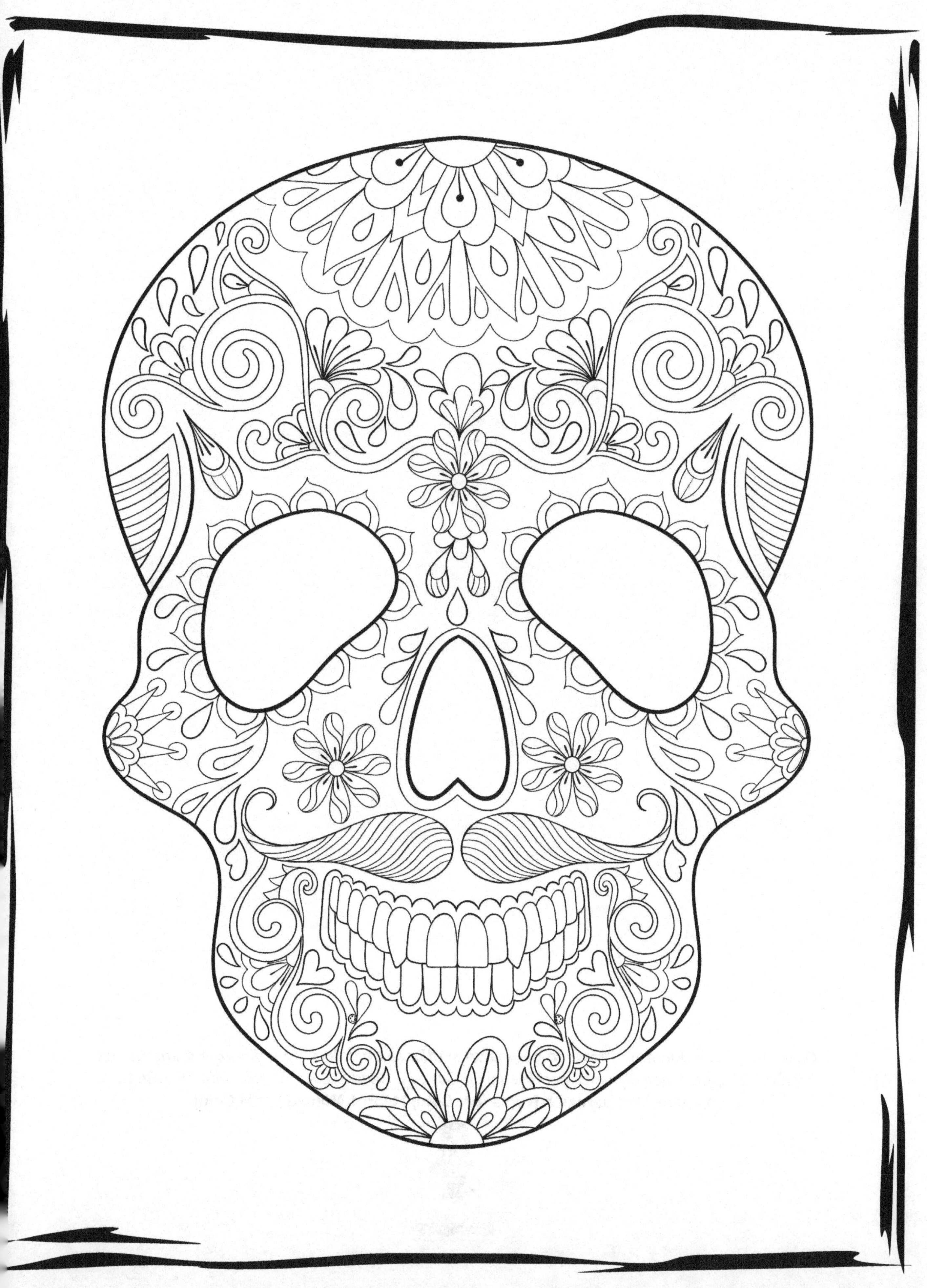

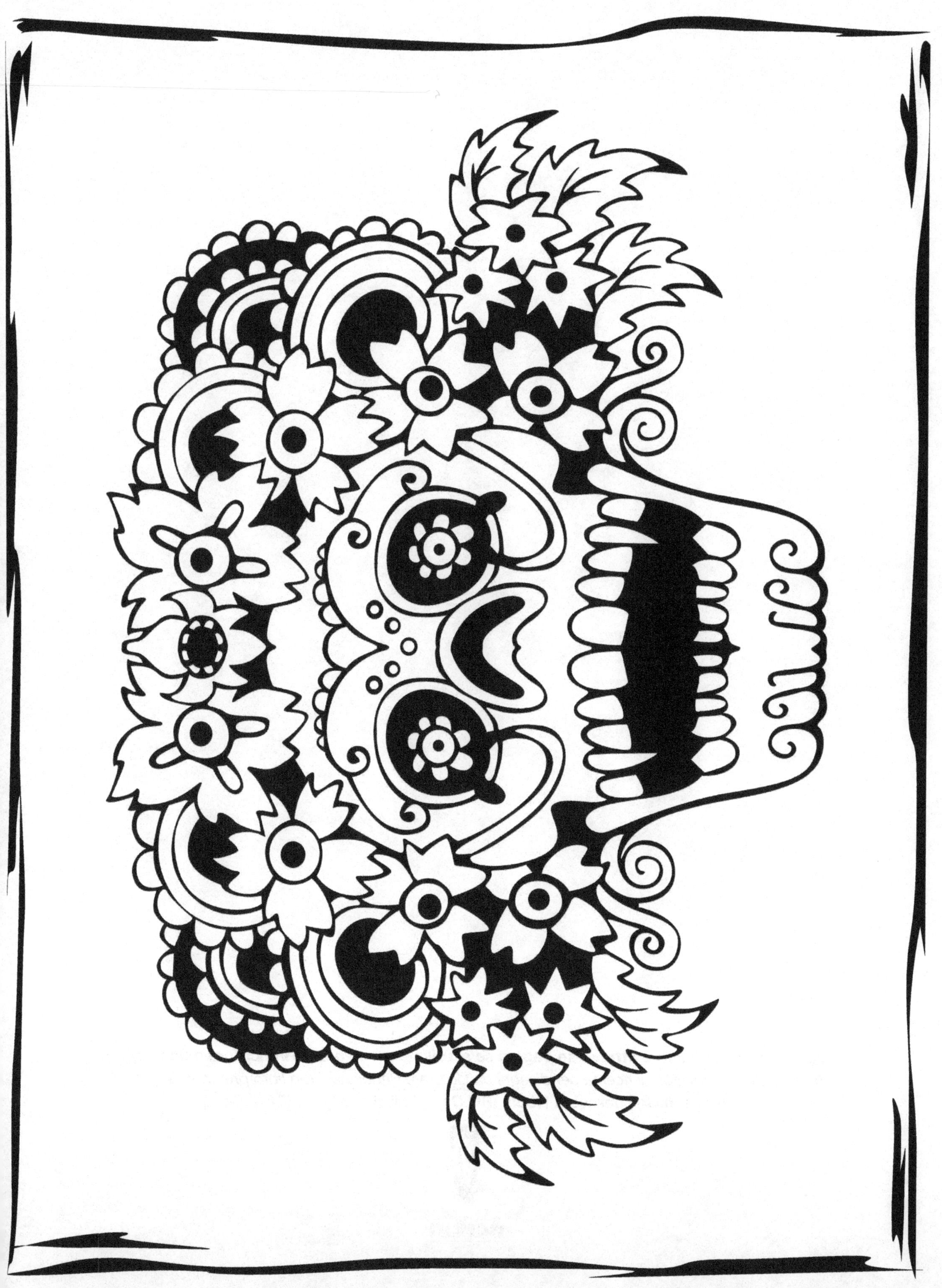

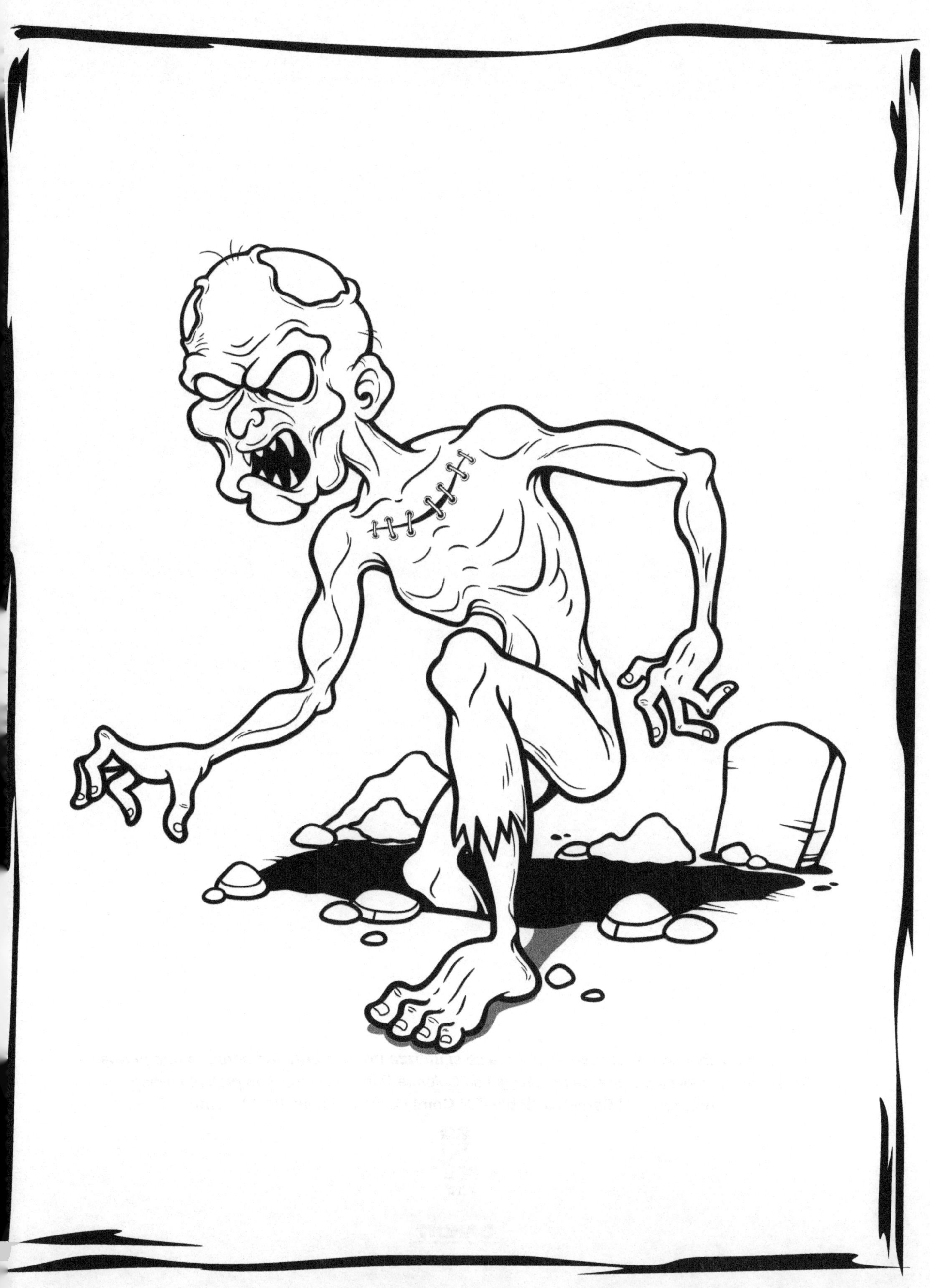

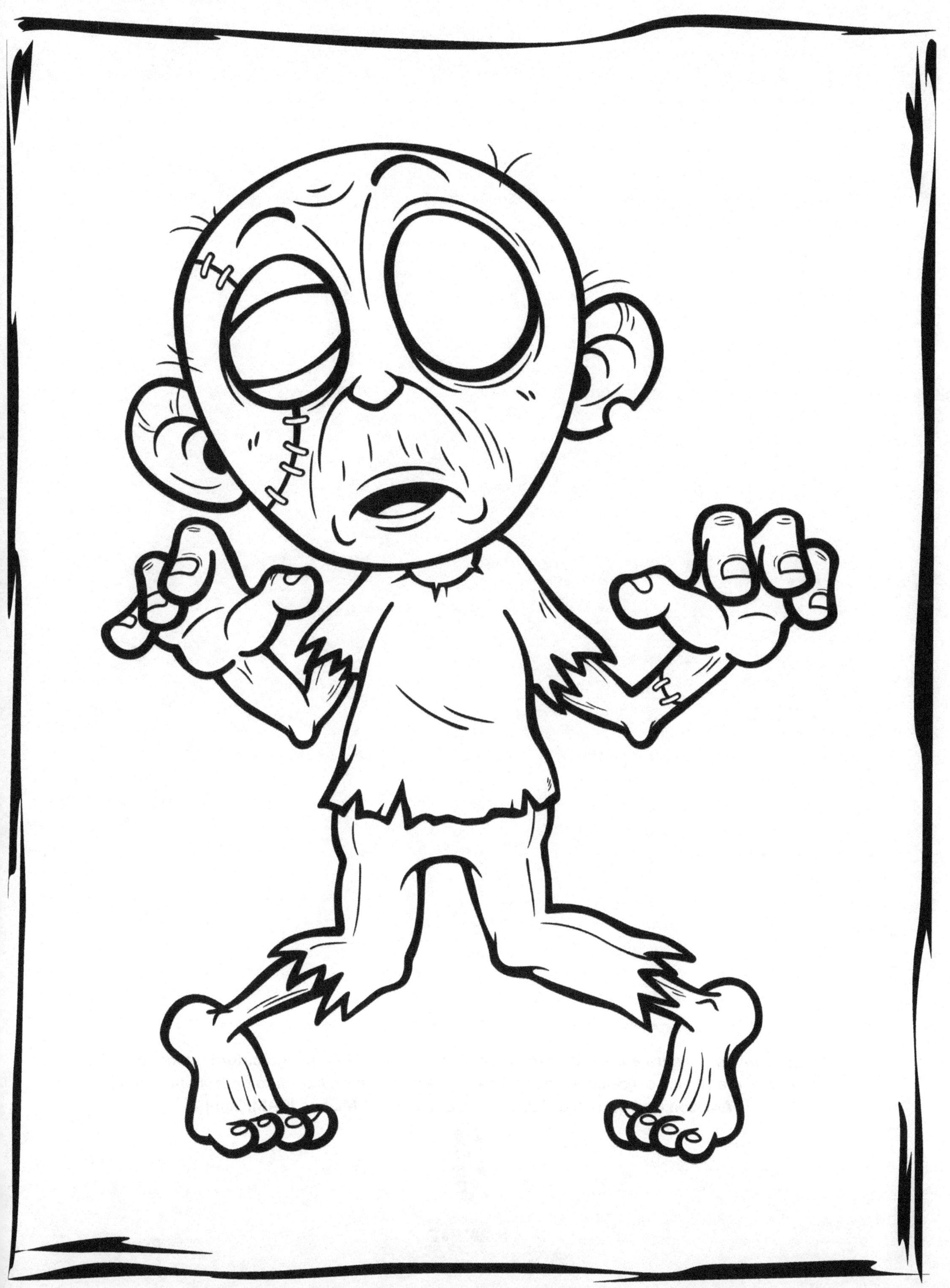

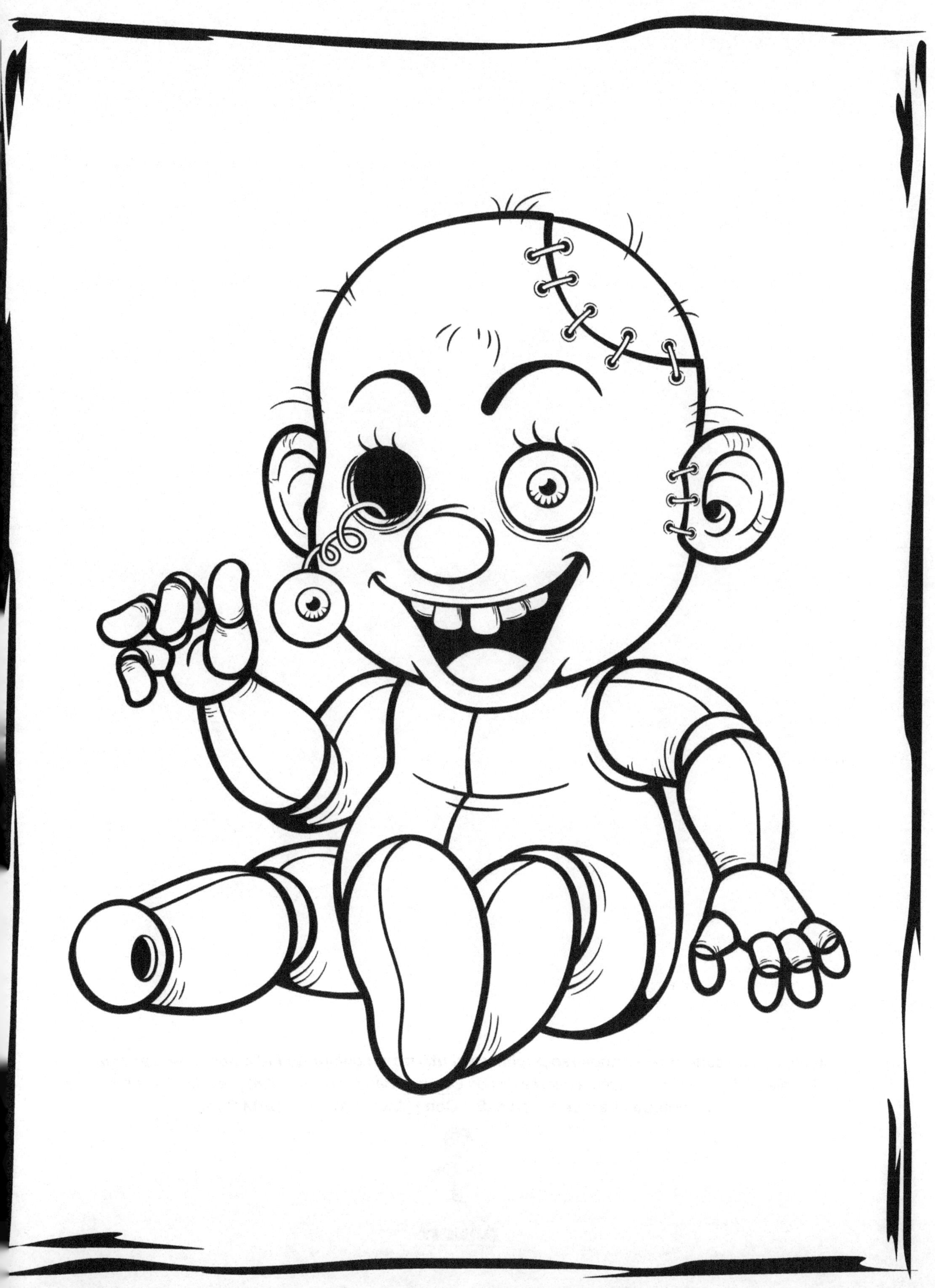

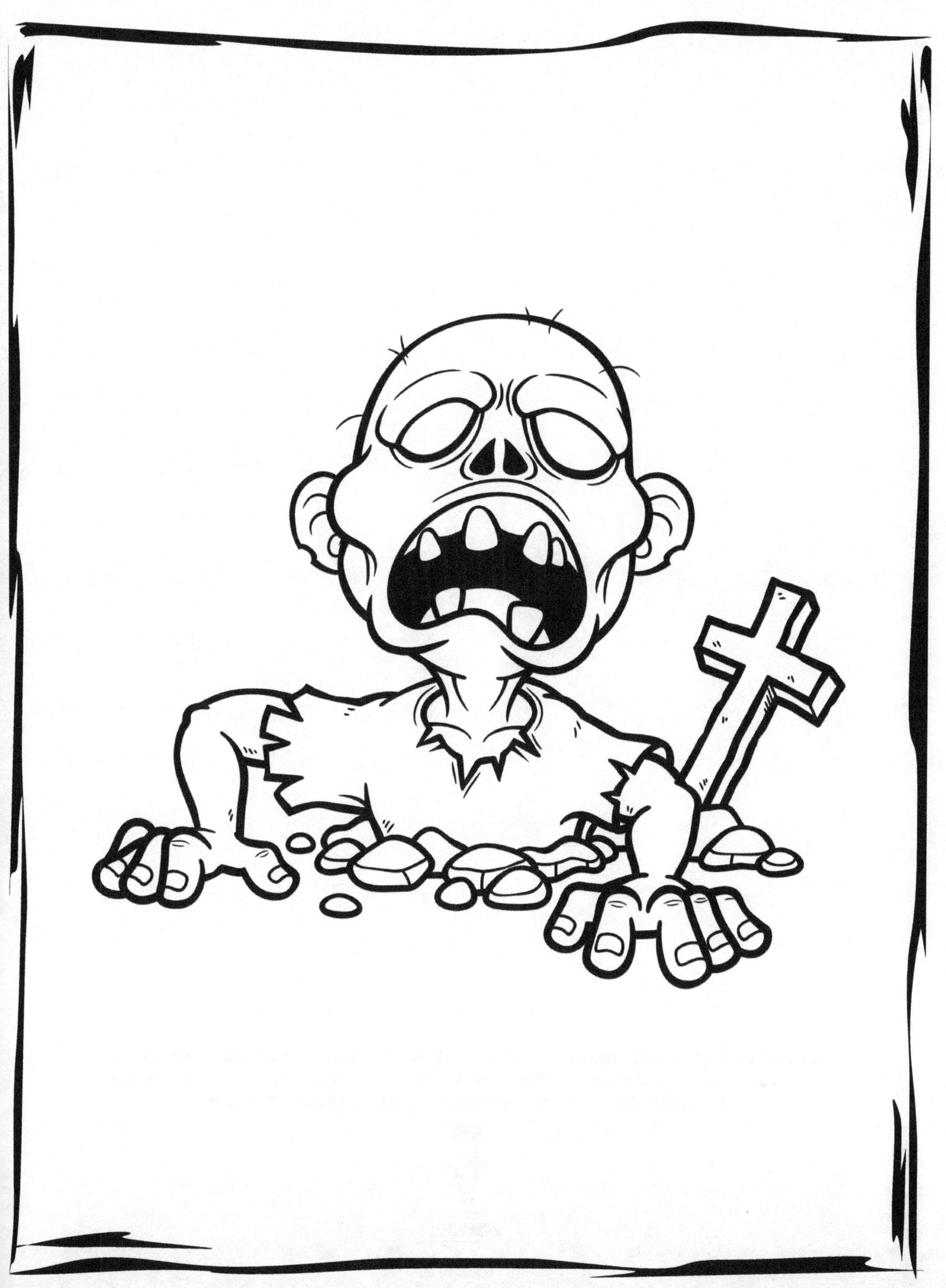

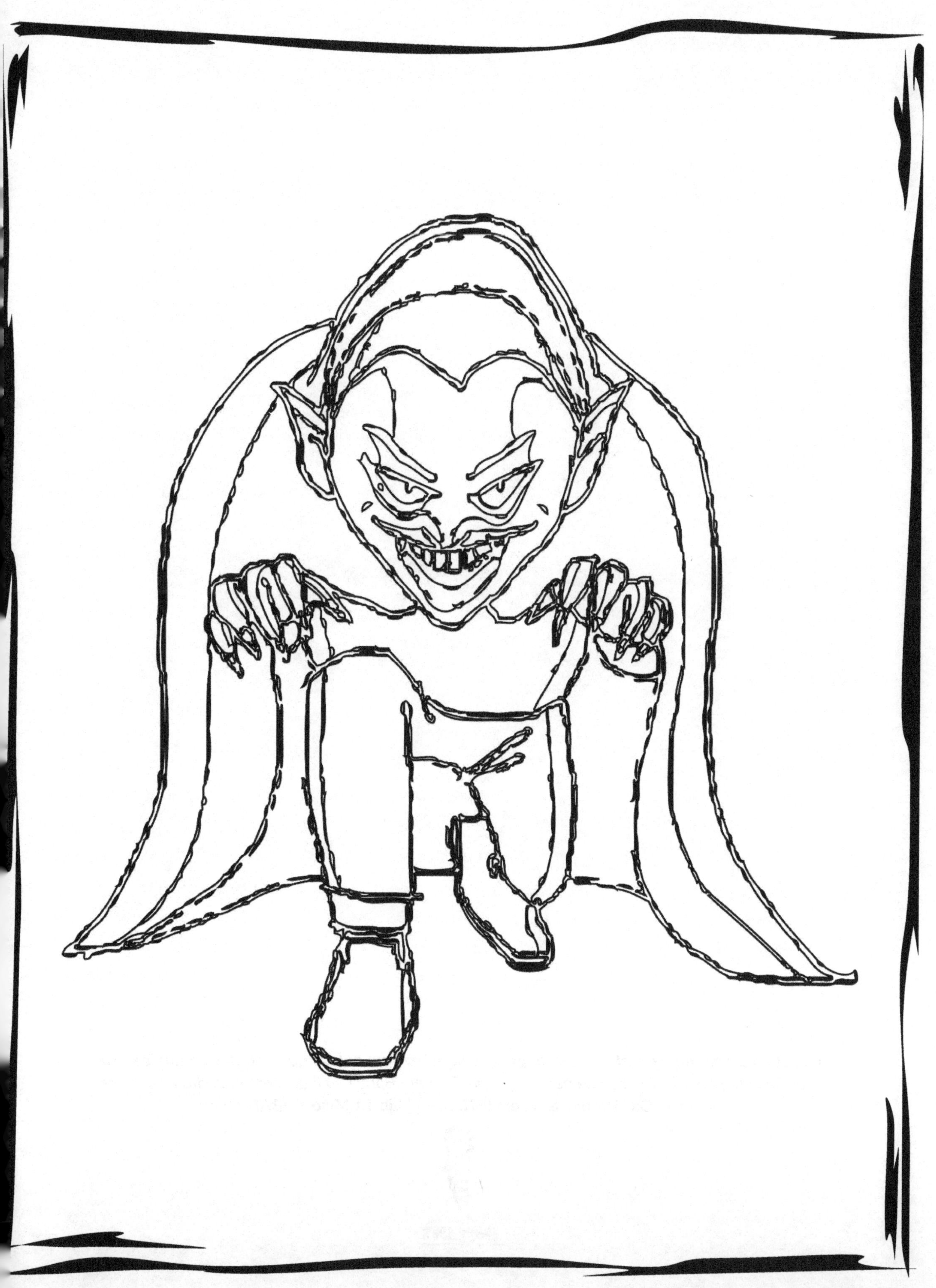

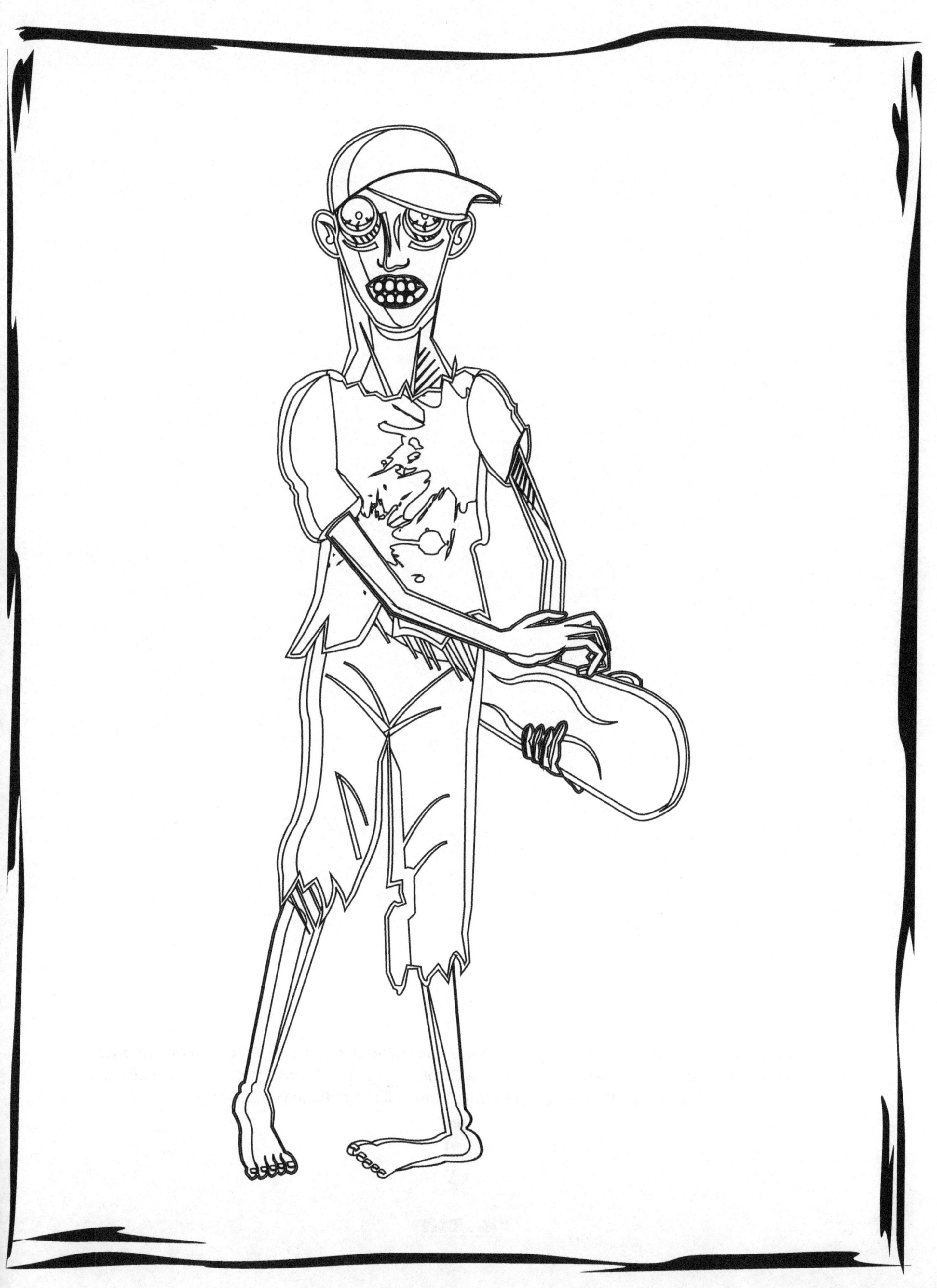

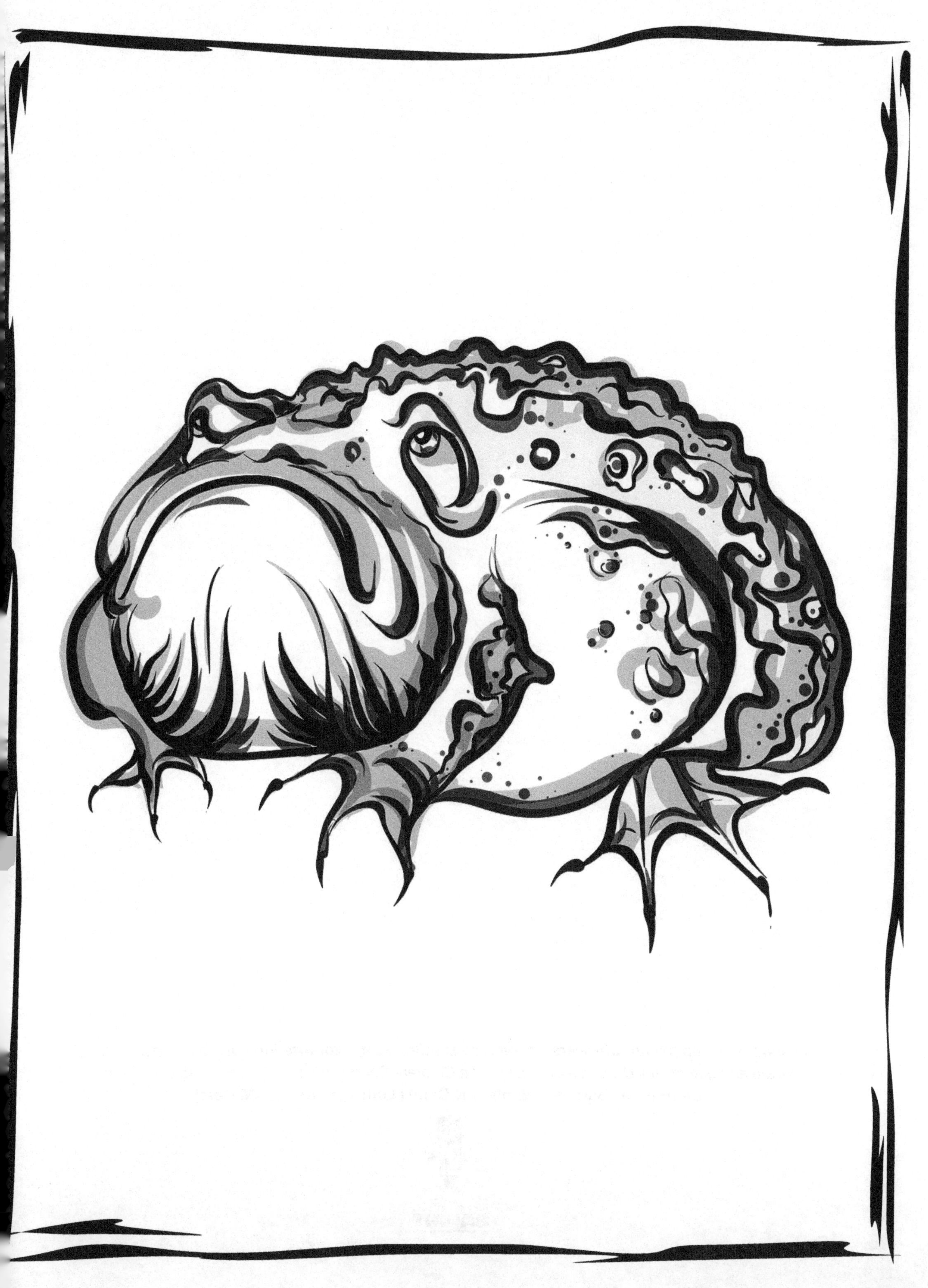

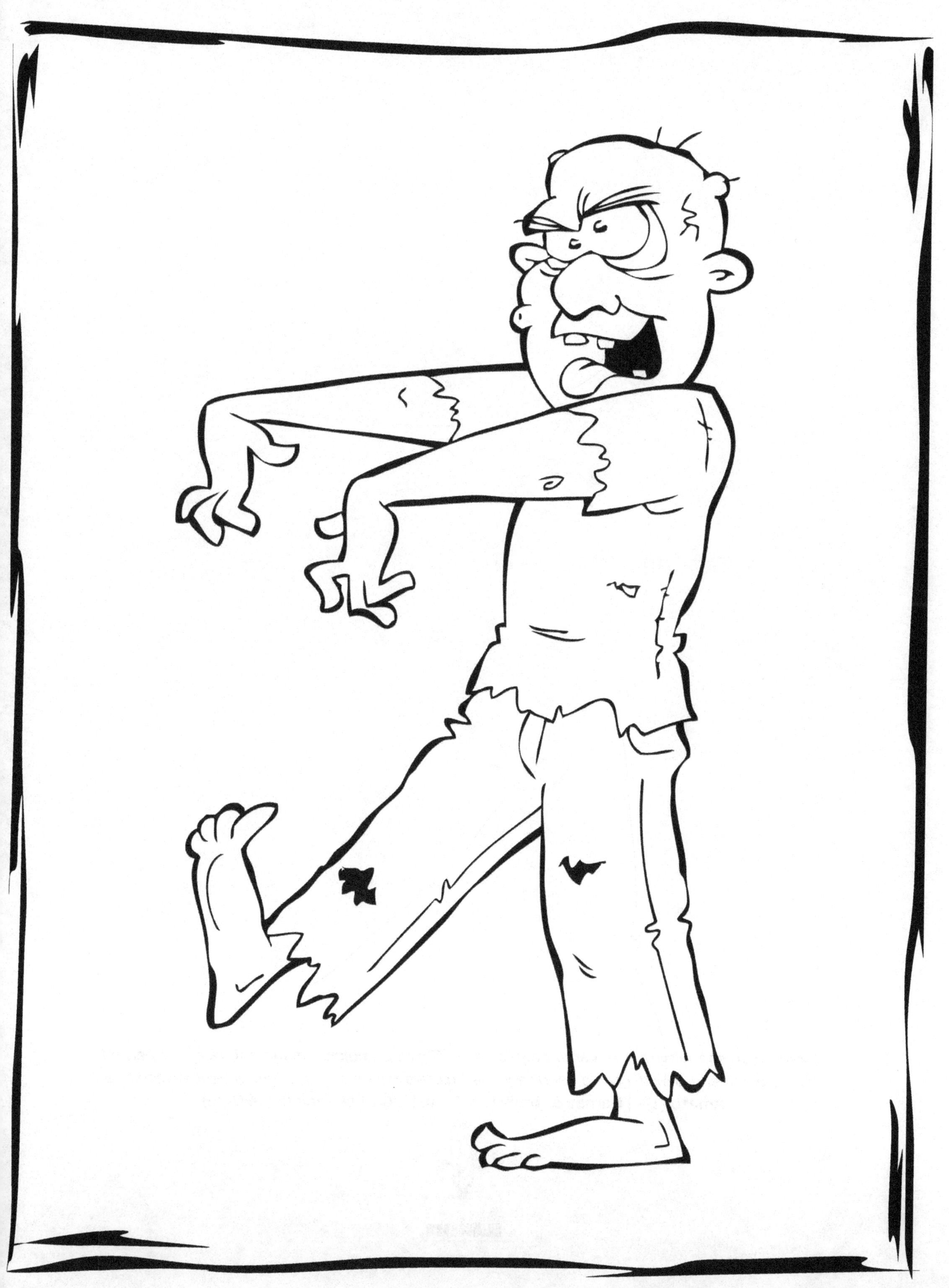

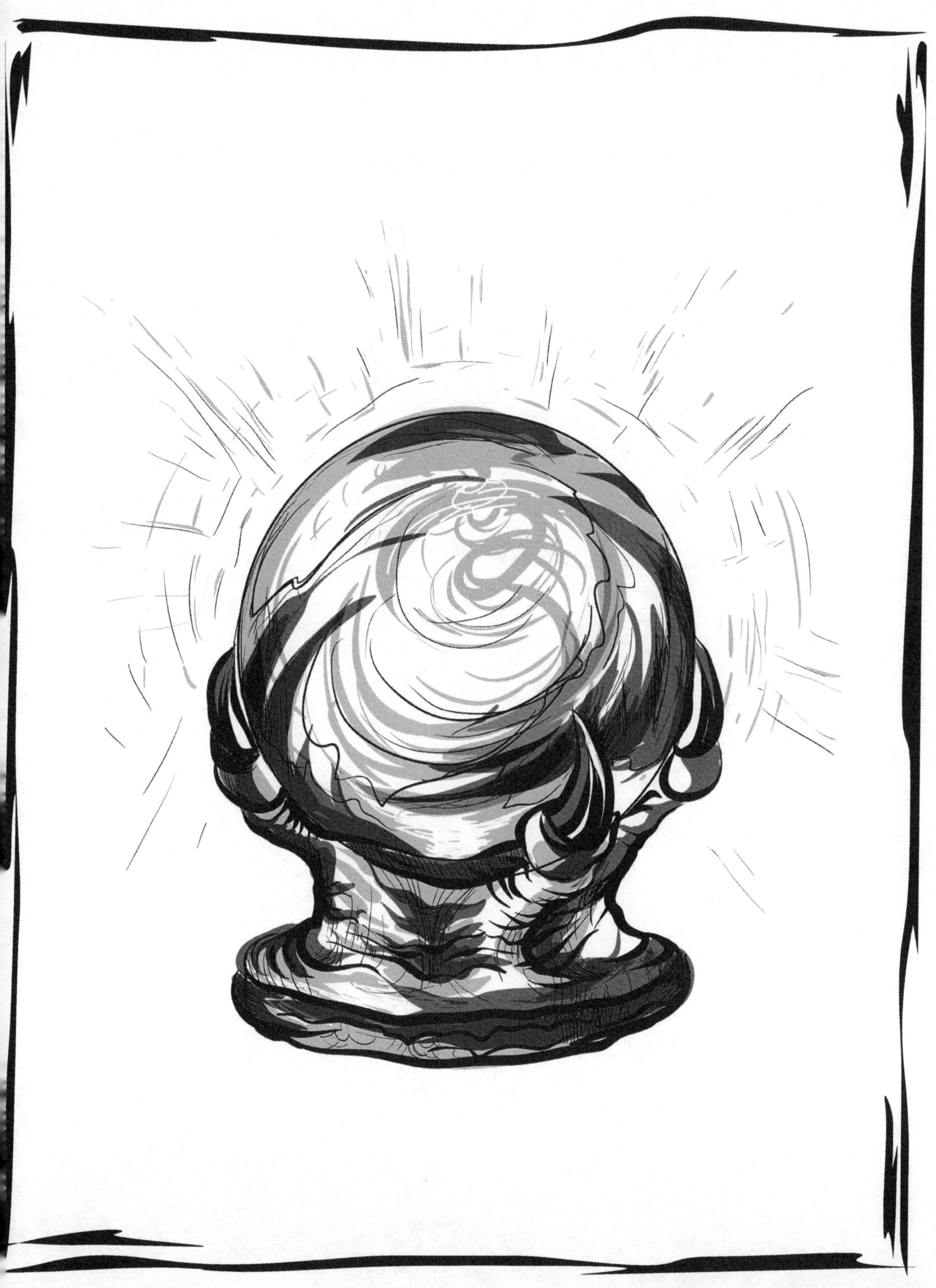

Made in the USA
Monee, IL
07 July 2026

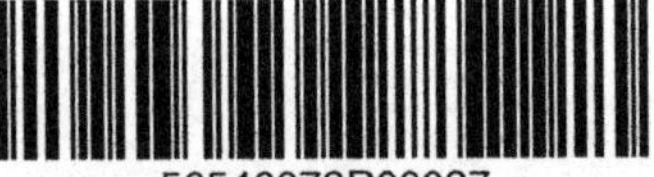
56546073R00037